Marion Suckow

Fort, nur fort ... und wieder nach Hause

Bibliografische Information der Deutschen Bibliothek:
Die Deutsche Bibliothek verzeichnet diese Publikation in der Deutschen Nationalbibliografie; detaillierte bibliografische Daten sind im Internet unter http://dnb.dnb.de abrufbar.

Impressum

1. Auflage 2024

Keuner Straße 49, 03149 Forst, Deutschland

Umschlagbild: © Ann-Kathrin Busse
Lektorat und Satz: Hai-tec Verlags- und Autorenservice
Druck und Bindung: WIRmachenDRUCK GmbH

ISBN 978-3-945699-15-7

https://haileiht-verlag.de

Marion Suckow

Fort, nur fort ...
... und wieder nach Hause

Haileiht-Verlag

Inhaltsverzeichnis

Worte – eine Einleitung

Ich liebe Worte, beschreibe damit Orte,
an denen ich gewesen,
kann mit ihnen erzählen und lesen.
Ich erzähle Geschichten,
die von mir und meinem Leben berichten.
Fast immer treffen sie ins Herz,
verursachen Freude, manchmal auch Schmerz.
Ich nehme sie wörtlich, bin wie eine Mimose.
Meine Worte sind wie die Rose,
können duften und beleben,
auch kleine Stiche können sie geben.
Ich liebe Worte. Man kann sie durch Singen
zum Schwingen bringen.
Ich habe viele Worte, ich bin eine Frau.
Manchmal sprudeln sie raus, unkontrolliert und ungenau.
Dann brauche ich neue Worte und Geschichten,
um den Schaden wieder zu schlichten.
Meine Worte erzählen dies und das,
meist machen sie mir und anderen Spaß.
Ich liebe Worte, sie beschreiben mein Leben,
vom Fühlen, vom Scheitern und vom Geben,
von guten und von schlechten Tagen,
oft vom Große-Lasten-tragen.
Aber mit jedem geschriebenen Wort
werden die Lasten geringer, sind bald fort.
Habe ich Gedanken zu geschriebenen Worten gemacht,
verschwindet ihre peinigende Macht.
Ich benutze sie mal lustig, mal frech, mal real.
Mein Inneres lässt mir keine andere Wahl.
Sie wollen raus, das soll auch so sein.
Ich lade dich gern zu einem Wortwechsel ein.

Zuhause auf dem Dorf

Ich bin in Horno aufgewachsen, einem wunderschönen alten Dorf, auf einer kleinen Bergkuppe zwischen Guben und Forst, in der Niederlausitz gelegen.

Ein paar Kilometer weiter unterhalb des Hornoer Berges fließt die Neiße als Grenzfluss zu Polen.

Bei der Erschaffung der Welt stolperte wohl Gott oder wer auch immer über den Hornoer Berg und aus seinem Füllhorn ergoss es sich besonders reichlich auf diesen Flecken Erde.

Ja, Horno war ein reiches Dorf, reich an Bäumen, bunten Gärten und Feldern, Traditionen und Gemeinschaftssinn. Die langgezogene Dorfstraße war von stattlichen Linden und alten Eichen gesäumt. Es gab einen Bäcker, einen Konsum, eine Kneipe, die Feuerwehr, einen Spielmannszug, den Männerchor und vier Dorfteiche.

In der Mitte des Dorfes stand die Kirche. Egal von welcher Seite man sich dem Dorf näherte, zuerst war die Kirchturmspitze zu sehen und man wusste, gleich ist man zu Hause.

Die Dorfteiche waren von dicken Trauerweiden umsäumt und mit einer grünen Schicht Entengrütze bewachsen. Manch einer kam mit Eimer und Harke, um die Entengrütze für das heimische Federvieh zu ernten. Sie soll eine ganz besondere Delikatesse für Enten und Gänse gewesen sein. Liebevoll wurden diese aufgezogen und gemästet, um dann im Herbst zur Kirmes oder als Sonntagsbraten aufgetischt zu werden.

Horno war der letzte nordöstliche Ausläufer sorbisch-wendischen Brauchtums. Wir feierten Fastnacht und Kirmes, saßen am Osterfeuer oder tanzten in den Mai.

Wie gesagt, Horno war ein reiches Dorf, unter der Erdoberfläche leider auch. Da lag das braune Gold, die Braunkohle.

2004 wurde Horno abgebaggert. Es ist nicht untergegangen wie Vineta, es ist für immer von der Welt verschwunden.

Es bleiben die Erinnerungen der Kindheit und Jugend, die schönste Zeit des Lebens am schönsten Ort.

Unsere Familie wohnte am Dorfende, umgeben von großen Gärten und Feldern und mit freiem Blick auf die Straße von Guben nach Forst mit ihren vielen Kirschbäumen.

Der große Hof war, wie auf dem Dorf üblich, eingefasst von alten Stallgebäuden, in denen früher Kühe standen, darüber der Heuboden, daneben die Scheune, Schuppen, Garten – alle Herrlichkeit einer ehemaligen Bauernwirtschaft und viel Platz zum Spielen und Erforschen.

Es war immer viel Trubel zu Hause, kein Wunder bei sechs Kindern. Und wo viele sind, kommen noch mehr dazu. Jeder brachte noch Freunde und Spielgefährten mit.

Unsere Eltern hatten alle Hände voll zu tun, uns zu versorgen. Und das machten sie super. Mutti war eine gefragte Köchin im Kindergarten und bei großen Festen. Unser Vater baute als Maurer mehr als nur unser Haus. Nebenbei war er noch Feuerwehrmann und vor allem Jäger. Wann hat er eigentlich mal geschlafen?

Betreuen mussten uns unsere Eltern nicht, beschäftigt haben wir uns selbst. Aber eine wirkungsvolle Hilfe waren wir ihnen auch nicht. Zum Beispiel beim Zaunstreichen. Ehe mein Vater den letzten mit Pinsel, Farbe und Verdünnung versorgt und eingewiesen hatte, hatte der erste schon keine Lust mehr. Letztlich schaffte er meist mehr, wenn er es selbst machte.

Es gab wenig Urlaub für die Beiden, nur ab zu ein Jäger- oder Feuerwehrball. Ein paarmal im Jahr gönnten sie sich also einen Abend in der Dorfgaststätte.

Eltern raus, sechs Kinder allein zu Haus. Unsere Jüngste war gerade ein Jahr alt und machte nachts immer noch Rabatz. Wir schliefen nebenan, versuchten es jedenfalls. Immer wieder musste jemand rüber gehen, um das Kind zu beruhigen.

Und dafür gab es ein geheimes Mittelchen, den Zuckernuckel. Der Nuckel wird ein bisschen in die Zuckerdose getaucht, das Baby lutscht Süßes und ist erst mal zufrieden. Wir wussten alle von dem geheimen Mittelchen und wandten es an.

Das gierige Baby hat die Situation ausgenutzt und sich mehrere Zuckernuckel erbrüllt. Später hat es wohl dann vor Durst geschrien.

Wie die meisten Hornoer hatten wir das übliche Kleingetier, wie Hühner, Enten, Gänse, Kaninchen, Hund und Katze auf dem Hof. Aber einmal auch ein Schwein. Es hieß Gerald.

Mein Vater war erfahren im Umgang mit Wildschweinen. Denen stellte er sich wohlweislich mit dem Jagdgewehr entgegen. Bei unserem Hausschwein war er mutig und wollte Gerald unbewaffnet jagen, als der aus seinem Stall entwichen war und unseren schönen Hof verwüstete.

Den Kampf Hausherr gegen Hausschwein bezahlte mein Vater mit dem Verlust von zwei Schneidezähnen. Was da wirklich passiert ist, haben wir nie erfahren.

Von Horno in Richtung Jänschwalde erstreckte sich ein großes Waldgebiet. Dort sammelten wir Pilze, vorwiegend Maronen, Steinpilze und Pfifferlinge. Nicht nur, dass Pilze köstlich schmecken, schon das Sammeln macht viel Spaß. Man wandert über moosweichen Waldboden, die Sonnenstrahlen dringen nur vereinzelt durch die Bäume, herrlich!

An einem schönen Herbsttag machten wir uns fertig, um in die Pilze zu fahren.

Wir waren schon zu viert und unsere Hornoer Oma wollte unbedingt auch noch mit. Mit zu vielen Leute im Wald wird es anstrengend. Ständig muss man jemanden suchen und warten. Oma hat sich aber nicht abschütteln lassen und war trotz fortgeschrittenen Alters wieselflink ins Auto gestiegen und da saß sie dann.

Nun gut, im Wald angekommen, also erst mal alle aussteigen, Körbe fassen, Abfahrt und Suchrichtung absprechen.

Während wir uns noch absprachen, war Oma ganz schnell in einer dichten Schonung verschwunden. Wir sahen gerade noch einen Zipfel ihrer Schürze, dann schlossen sich die Zweige hinter ihr. Sie war wie vom Wald verschluckt, ohne die Abfahrtzeit zu wissen.

Sturköpfe

Je älter mein Vater wurde, umso gefährlicher wurden seine Jagdabenteuer. Er hatte die 75 schon überschritten, als ihm dies hier passierte:

Mein Vater verrichtet draußen dies und jenes, da bricht wieder die Jagdleidenschaft in ihm aus und er fährt mal schnell an die Neiße nach den Wildschweinen gucken. Seiner Frau sagt er nicht extra Bescheid.

Er bleibt ungewöhnlich lange weg und sie macht sich ernsthaft Sorgen. Gegen Abend kommt er dann, schon ziemlich abgewirtschaftet. Er hat ein großes Wildschwein geschossen und kriegt es nicht allein aus dem Schilf. Mutti kann und will nicht, sie ist kränklich. Bleibt also nur der Sohn, der gerade völlig erschöpft von der Arbeit kam und sich schon hingelegt hatte. Er hatte sich gerade acht Stunden lang durch die Cottbuser Abwassergräben geschippt.

Also trotzdem, Vater und Sohn in den Jeep und noch mal an die Neiße zwischen Briesnig und Grießen. Um Kräfte zu sparen fährt mein Vater so weit wie möglich ans Schilf ran, die Warnrufe des Sohnes ignorierend. Dann geht nichts mehr. Jetzt steckt nicht nur das Schwein im Morast fest, sondern auch der

Jeep. Sie versuchen alles, um ihn wieder rauszuholen, vergebens. Hilfe kann nicht gerufen werden, sie haben kein Handy mit.

Total entkräftet und verdreckt geben sie auf und machen sich auf den langen Fußmarsch zurück. Es ist stockfinstere Nacht. Sie haben keine Lampe und der Sohn, der starker Raucher ist, hat zwar Zigaretten, aber kein Feuerzeug mit. Schiet! Nun Abmarsch. Aber nicht gemeinsam! Sie können sich nicht über den besseren Weg einigen und Sturköpfe, wie sie beide sind, trennen sie sich, der Vater geht mit dem Hund die Straße entlang in der Hoffnung auf ein haltendes Auto, der Sohn geht auf dem Radweg, der seiner Meinung nach kürzer ist.

Der Vater kommt weit nach Mitternacht in Briesnig an. In einem Haus brennt noch Licht, da ist noch jemand wach, denkt der Jäger. Aber der Mann war bloß vor der Flimmerkiste eingeschlafen und über die nächtlichen Gäste nicht gerade erfreut. Vater und Hund sahen auch nicht gerade vertrauenerweckend aus, nass, dreckverschmiert, verzweifelt – und das Jägerlatein, was Vater da brubbelte, musste auch erst mal entschlüsselt werden.

Dann fährt der Mann das Gespann doch nach Forst. Als der Vater das Haus betritt, kommt ihm seine Frau entgegengestürmt. „Und wo ist Andreas!?"

„Ist er denn noch nicht da?", fragt der Mann.

„Nein!", sagt die Frau verständnislos und drohend. „Sieh zu, dass du den Jungen findest!"

Er findet ihn in Eulo, also eine halbe Stunde vorm Ziel entfernt und bringt ihn nach sechs Stunden Nachtkampf gegen zwei Uhr nach Hause. Um vier Uhr muss der Sohn wieder aufstehen und zur Arbeit fahren.

Endlich kommen alle für ein Weilchen zur Ruhe. Aber als meine Mutter morgens um halb sieben erwacht, ist der Mann schon wieder sprach- und spurlos verschwunden, hat auch keine Nachricht hinterlassen. War das gestern nicht schon schlimm genug?

Der unruhige Jäger hat inzwischen einen Trecker besorgt, um Schwein und Jeep zu bergen. Aber auch der Trecker bleibt im Morast stecken, nicht zu glauben aber wahr! Irgendwie wurde dann ein zweiter Trecker besorgt. Der zog nacheinander den ersten Trecker, den Jeep und das Schwein aus dem Schlamassel!

Mittag gegen halb eins ist der Jäger wieder zu Hause. Seine Frau kann sich nicht freuen. Über die Jahre war sie ja so einiges gewohnt, aber diesmal war es eindeutig zu viel für ihre Nerven. Sie hatte schon die Nummer der Polizei rausgesucht.

In letzter Zeit hat mein Vater nicht mehr viel von seiner Jagdbeute, denn das meiste geht als Dankeschön für Retter und Helfer weg.

Gewitter

Vater und Hund sind wieder mal auf Jagd. Leider haben sie kein Wild erlegt, jetzt soll es nach Hause gehen. Außerdem zieht ein Gewitter heran.

Das Auto wird startklar gemacht, Fenster zu, Waffe rein, Hund rein, Autoschlüssel steckt schon.

Nur noch schnell einen Eimer Eicheln den Schweinen hinschütten, fällt dem Jäger ein. Der Hund tapst im Auto aufgeregt rum, wo will Herrchen denn ohne mich hin? Dabei tapst er auf die Innenverriegelung. Schwups, das Auto ist zu.

Der Jäger kommt angeeilt, das Gewitter ist heran, es regnet. Er will in das trockene Auto, geht aber nicht. Der Hund sitzt im Trocknen, will aber raus. Jäger und Hund gucken sich dumm an, einer rein, einer raus.

Was nun tun? Dem Jäger bleibt nichts weiter übrig als in den nächsten Ort zu marschieren, also bis Briesnig. Dort klingelt er einen Mann raus, der gerade sein Mittagsschläfchen hält und über die Störung nicht erfreut ist. Es dauert ein Weilchen, bis die akute Dringlichkeit verstanden wird.

Wenn der Hund sich nicht inzwischen selbst erschossen hat, ist er wahrscheinlich dem Erstickungstod nah, von dem total verwüsteten Auto gar nicht zu reden.

Der Jäger wird nach Hause zum Reserveschlüssel gefahren und findet nach Stunden den Hund noch lebend und das Auto noch fahrbereit vor.

Wieder werden Teile der nächsten Jagdbeute als Lohn für die Bergungsfahrt versprochen.

So ist mein Vater immer beschäftigt, jagen, bergen, bedanken, jagen, bergen, bedanken …

Ach du lieber Vater

Wir feiern Weihnachten im Hause unserer Eltern. Als wir ankommen ist die Stube voll, aber irgendwie fehlt etwas. Der Vater fehlt! Er liegt im Krankenhaus, vom eigenen Hund gebissen, beide Hände und Arme sind kaputt.

Wir haben einen sehr gierigen Hund. Fressen und auf Jagd rennen sind seine Hobbys.

Vater hat ihm von der letzten Beute etwas gekocht. Das stand zum Abkühlen an einem scheinbar sicheren Ort. Doch wohl nicht sicher genug. Irgendwie kommt der Hund da ran und schnappt sich auch den dicken Röhrenknochen, ein für ihn sehr gefährliches Fressen. Herrchen versucht, Knochen, Hund und sauberen Hof zu retten. Der Hund lässt sich sein Fressen nicht aus dem Maul reißen, nicht mal vom Herrchen, und beißt zu.

Nachdem der Vater gerade aus dem Krankenhaus entlassen war, büxt der Hund aus. Das Tor war nicht richtig eingehakt und ging auf. Der Hund nahm die Einladung an und ging auf Erkundungstour durchs Dorf. Noch bevor unsere Familie den Verlust bemerkte, wurde vom Dorffunk der streunende Jagdhund gemeldet.

Ohne lange zu überlegen, eilt der Vater raus ins Auto, um den Hund zu suchen – so wie er war, in Pantoffeln und mit bis zum Ellenbogen verbunden Armklumpen. Irgendwie bringt er das Auto zum Fahren. Nach ein paar Runden durchs Dorf sieht er ihn endlich. Als auch der Hund sein Herrchen entdeckt, bleibt er mitten auf der Straße wie angewurzelt stehen und wartet brav.

Dabei löst er einen Stau aus; vier Fahrzeuge müssen warten, bis der Hund ins Auto verfrachtet wird. Das dritte Fahrzeug ist ein Polizeiwagen. Die Beamten kurbeln die Scheibe runter und hören sich das wirre Geplapper von „Jemand hat das Tor aufgelassen (Vater unschuldig ...), vor ein paar Tagen gebissen worden, gerade wieder zu Hause ...“ an, schmunzeln und belassen es bei einer mündlichen Verwarnung.

Besoffene, kleine Kinder und verrückte Senioren beschützt der liebe Gott.

Unfallversorgung

Mein Bruder Andreas ist handwerklich sehr geschickt. Aber beim Hantieren mit der Handkreissäge rutscht diese plötzlich weg und schneidet ihm den ganzen linken Unterarm auf.

Im Krankenhaus angekommen, soll er sofort operiert werden. Er wird nach seinen Impfungen befragt: „Wann war die letzte Tetanus, letzte Wundstarrkrampf?“

„Na in der Schulzeit.“

„Wann war die letzte Mahlzeit?"
„Vor einer halben Stunde."
Alles sehr ungünstige Voraussetzungen für eine OP! Nun gut, das mit den Spritzen wird sofort nachgeholt. Drei Krankenschwestern piksen die nötigen Stoffe in ihn rein.
Andreas regt sich auf. „Was soll das, ich bin doch keine Dart-Scheibe!"
Er will die Situation beherrschen und genau beobachten, wann die Narkose zu wirken beginnt.
Als er immer noch hellwach in seinem Bett auf dem Flur steht und in den Fahrstuhl geschoben wird, fragt er gereizt, was das jetzt soll, was wird denn nun mit der OP?
„Die ist längst gewesen, sie kommen jetzt in ihr Zimmer", erfährt er. Nun erst bemerkt er den fachmännisch und dick verbundenen Arm.
Na gut, er macht es sich also erst mal gemütlich im Zimmer, Fernseher ist da, sonst niemand weiter, Ruhe! Nach einer Weile muss er aufs Klo. Wo ist das?
Er krabbelt aus dem Bett, schnappt sich seinen Tropf samt Stange, hält sein OP-Hemdchen zusammen und schiebt das Ensemble aus dem Zimmer zur Toilettensuche.
Plötzlich kommt eine Schwester angerauscht: „Wo wollen sie denn hin, so frisch operiert?"
„Wohin schon, aufs Klo!". sagt Andreas.
„Sie dürfen aber nicht alleine gehen."
„War ja keiner da!", antwortet Andreas trotzig.
Die Schwester geleitet ihn zum Klo. Umständlich schiebt er sich samt Tropf-Gestänge in den kleinen Raum. Die Schwester bewacht den Toiletteneingang und geleitet das Gestänge-Ensemble wieder zurück ins Zimmer.

Sommertag

Es ist ein wunderschöner Frühsommertag. Die Luft duftet nach Lindenblüten, auf den Feldern wiegt sich das Korn im Wind, die ersten Kirschen sind reif und locken mit rotem Leuchten.

Ich finde eine alte Kirschallee in der Nähe von Grießen. Kirschen so viel ich will, gut erreichbar, saftig und gesund. Ich laufe von Baum zu Baum und stopfe mich voll, kann nicht genug kriegen. Manche Sorten schmecken leicht bitter, manche schon wie Kirschkompott. Niemals würde ich diese auf dem Markt kaufen und ich will auch keine mitnehmen. Sie schmecken nur jetzt, in diesem Moment, selbst gepflückt und selbst genascht. Ich platze bald! Immer weiter locken mich die roten Früchte. Dort ist ein Baum mit Vogelkirschen, ganz kleinen, besonders süßen Früchten. Und dort einer mit Glaskirschen, hmm. Links und rechts der Allee stehen Kornfelder. Es herrscht sommerliche Ruhe, nur der Wind rauscht im Korn. Ich nehme das alles ganz deutlich wahr, fühle mich geerdet, denke an die Kindheit. Wir waren so nah an der Natur, sie war unser Spielplatz.

Jetzt weiß ich wieder, was für mich wichtig ist im Leben und warum ich so an meinem Dorf hänge und an meinem Elternhaus. Das ist Heimat, Leben und Natur spüren und die Geborgenheit der Familie.

Ruhe und Zufriedenheit breiten sich in mir aus.

Ich fahre weiter durch die Landschaft meiner Kindheit zu meinen Eltern. In letzter Zeit war unser Verhältnis angespannt und unterkühlt, nur langsam wurde es wieder wärmer.

Die Gartentür ist offen. Mutti sitzt auf einem alten Stuhl und ruht sich aus, ein friedlicher Anblick. Ich setzte mich dazu und wir reden ein bisschen. Viel haben wir uns nicht zu sagen. Sie steht auf und muss weitermachen. Oh je, was für Quälerei auf dem harten Boden. Ohne zu fragen, stelle ich mich dazu und arbeite mit. Schweigend gehen wir dem Unkraut zu Leibe. Ich genieße es, hier zu sein, nah an der Erde, nah bei meiner Mutter, von der Sonne warm beschienen.

Etwas gemeinsam tun, ohne viele Worte, schafft eine wohlige Verbundenheit, die sich wie eine zarte Decke über uns legt.

Alles Trennende rückt weit weg. Ich bin wieder zu Hause.

Jetzt sitzen wir wieder nebeneinander und beschauen den Garten, als mein Vater kommt. Ich glaube ein bisschen angenehmes Erstaunen in seinem Gesicht erkannt zu haben, als er mich sieht. Dann wird es gleich wieder laut zwischen den beiden, aber nicht mehr so derb wie früher.

Mutti geht rein, vermutlich, um Abendbrot zu machen. Mein Vater nimmt ihren Platz ein. Auch wir haben uns nicht viel zu sagen, aber ich frage ihn was und dann redet er drauflos: über die Hühner und den Hahn, ihre Laufwege und Frechheiten. Letztens kam Krach wie auf der Kegelbahn aus dem Hühnerstall, sagt er, als die Hühner versuchten, an ein weiches Ei zu kommen. Über das Blök-Konzert von Nachbars Schafen redet er und dass da jetzt fünf Lämmer gekommen sind, über den blöden Hund, der ständig irgendwas zum Fressen sucht und findet, und sei es das getrocknete Brot für die Kaninchen, Hühnerfutter oder alte Knochen. Er redet über die Stachelbeeren, die dieses Jahr gesünder aussehen und nicht mehr die Krankheit der vergangenen Jahre haben, über den Topinambur, dessen unterirdische Knollen den ganzen Garten unterwuchern wollen, über den schönen Kirschbaum und die gefräßigen Stare, die plötzlich angegriffen und innerhalb weniger Stunden den ganzen Baum leergefressen hatten.

Mein Vater steht auf und geht rüber zu den Kaninchen. Die Schritte sind kleiner geworden und langsamer, früher ist er fast gerannt, schließlich gab es so viel zu tun. Mit den Hosenträgern und seiner vom Wind zerzausten Clown-Ferdinand-Frisur sieht er lustig aus.

Der große Garten mit den darin fleißig scharrenden und pickenden Hühnern, dem hantierenden Vater und dem blauen Sommerhimmel darüber – dieses Bild strahlt so viel Ruhe und Geborgenheit aus.

Mein Vater ist im Alter ruhiger geworden, irgendwie gütiger. Was er wohl über mich denkt ... über sich ... oder über das Leben? Er hat uns nie in sich reingucken lassen, schleppt wohl alle Gefühle in den Wald. Aber das ist jetzt nicht mehr wichtig. Auch mit ihm spüre ich diese kindliche Natur-Verbundenheit, besonders mit ihm. Ich kann das nicht erklären, es ist da.

Mutti ruft zum Abendbrot. Sie hat für mich mit gedeckt, ganz selbstverständlich. Wie bei Schneewittchen ist alles ordentlich angerichtet und Brettchen, Messerchen und Gläschen laden zum Essen ein. Es gibt Stulle mit Brot, wie sie oft zu sagen pflegte. Nirgends schmeckt eine Stulle so gut, wie am elterlichen Küchentisch.

Erinnerungen drängen sich auf: Wie wir diese Momente genossen haben, wenn noch mehr Leute da waren und alle wild drauflosplapperten. Besonders Bruder Andreas brachte uns fast immer zum Lachen. Er schmierte seine Stulle ganz bedächtig, immer gleichmäßig, ordentlich bis über die Ränder. Dann schnitt er mit der gleichen Ruhe und Sorgfalt Tomaten in Viertel oder auch Wurstscheiben ab. Das sah immer irgendwie so altdeutsch aus, wie bei Opa.

Nach dem Essen gehe ich ein Stück in die Felder und pflücke mir einen wunderschönen Blumenstrauß. Der Wind rauscht und die Sonne steht schon tiefer. Ein herrlicher Moment.

Hier und jetzt bin ich glücklich.

Den Letzten beißen die Hunde

Mit meinen Schwestern Kerstin und Angela und der dicken Manu machen wir einen verrückten Kurzurlaub in Tschechien.

Wir haben Prag erkundet und begeben uns jetzt auf einen Ausflug nach Karlsbad. Der goldene Herbst lockt uns in einen schönen Park. Dort machen wir eine kleine Pause. Vom vielen Rumlaufen sind wir schon ziemlich fußlahm, aber wir wollen noch in Altstadt. Als wir an einer Mauer eine schmale Treppe sehen, die in die Stadt runterführen soll, wie uns das Schildchen zu verstehen gibt, wollen wir die Abkürzung riskieren.

Auf halber Treppe stadtabwärts bleiben wir erschreckt stehen. Unten ist nur ein kleines Tor und genau dort tummelt sich eine Gruppe Jugendlicher mit drei riesigen Hunden. Dort müssen wir durch! Zur gleichen Zeit wie wir sie, haben auch die Hunde uns entdeckt und rasen in Riesensätzen die Treppe herauf.

Panisch machen wir kehrt und laufen wieder nach oben. Wir rennen um unser Leben. Die dicke Manu ist erste, dann Angela, etwas abgeschlagen Kerstin und ich. Wir heulen und lachen zugleich. Es ist nicht zu fassen, ich, die damals sportlichste von uns vieren, bin die letzte!

In einem Anfall von Todesangst halte ich meine Schwester Kerstin am Arm fest und ziehe sie hinter mich. „Den Letzten beißen die Hunde." Unfassbar, ich habe meine Schwester geopfert, um mich zu retten! Aber sie reißt sich los und zieht mich jetzt wieder hinter sich. Manu und Angela sind schon fast oben. Ich kann nicht mehr. Die Mauer biegt nach links ab und ich stell mich einfach um die Ecke, mit dem Rücken und den Händen an die Wand und warte. Dann sollen sie mich eben fressen, ich kann nicht mehr! Und da ist er auch schon, der Riesenhund, direkt vor mir, auf Augenhöhe. Einen Atemzug noch, denke ich, dann … ist der Jugendliche da und pfeift den Hund zurück. Was war das? Gottvertrauen, Lebensmüdigkeit, Blödheit?

Die drei Grazien sitzen auf einer Bank und kichern schon wieder. Die dicke Manu lacht mit schmerzverzerrtem Gesicht. Sie hat sich an den Füßen alle Blasen aufgerieben und Blut im Schuh.

Friseure

Ich betrachte mich im Spiegel und stelle fest: Ich muss zum Friseur. In nächster Zeit stehen Termine an und da will ich schön sein.

Schließlich überwinde ich meine Friseur-Phobie und mache einen Termin bei einem neuen Figaro, den ich schon mal ausprobiert hatte und mit dem ich zufrieden war, was ja nicht allzu oft vorkommt. Meine Zufriedenheitsquote liegt ungefähr bei 35 Prozent. Und wegen dieser ungünstigen Quote muss ich oft den Friseur wechseln.

Ich habe feines Haar und leide unter starkem Ausfall desselben. Also bin ich hochsensibilisiert, schon ein kleiner Fehler kann verheerend sein. Die Frisur soll das altersgemäß veränderte Gesicht entlasten, es vorteilhaft umspielen oder positiv davon ablenken. Und weil ich also dieses Problemhaar habe, gehe ich zum Fachmann, also zum Friseur.

Aber ich bin ein gebranntes Kind. Beim letzten Friseurbesuch wurden mir die Haare von leichter Winterlänge auf Frühling gestutzt, obwohl ich ausdrücklich um bleibende Grundlänge gebeten hatte, wegen der Kälte und weil ja günstigstenfalls unter der Mütze noch ein paar Haare rausschauen sollten. Wenn die Fachfrau sich nicht in der Lage fühlte, dies umzusetzen, hätte sie mir das sagen müssen. Ich wurde sogar noch wegen meiner Ängstlichkeit belächelt. Wahrscheinlich hatte ich aber nicht genug Angst!

Friseure sprechen wahrscheinlich eine Sprache, die ich nicht verstehe, so ähnlich wie Personaler. Wenn die lesen: „gibt sich Mühe“ oder: „fügt sich gut in das Team ein“, heißt das ja in deren Geheimsprachenübersetzung auch was ganz anderes.

Und wenn ich sage „nur hinten ganz wenig nachschneiden, Grundlänge bitte lassen“, heißt das wahrscheinlich für den Friseur: Start frei zur Übung „Umgang mit feinem Haar!“

Sowas kommt denen wohl nicht allzu oft unter die Schere, sodass sie die Chance ergreifen und losschneiden müssen! Muss ja schließlich alles irgendwo in der Praxis geübt werden.

Ich fühle mich unwohl mit der „Zu-wenig-Angst-Frisur“ und rede mir ein, die hatte damals einen schlechten Tag. „Musst doch auch mal Vertrauen haben, das sind doch Fachleute“, habe ich mir gut zugeredet und wieder einen Termin besorgt.

Ich sag also wieder deutlich „Nur hinten unten ein bisschen vorsichtig nachschneiden, so dass die Haare nach außen springen und vielleicht, wenn es nötig ist, an den Seiten ein bisschen ausgleichen.

„Ich guck mal“ sagt der Figaro, nimmt die Haare in die eine Hand, die Schere in die andere, guckt – und schneidet oben zirka einen Zentimeter, ratsch, weg. Ich bin gelähmt. Was wird das? Dann guckt er noch mal, muss ja ausgleichen, ringsherum ratsch, wieder einen Zentimeter weg. Dann noch mal Kontrolle, alles wird noch mal aus einer anderen Richtung in die Hände genommen, schippel hier, schnippel da, ausgleichen. Nun noch eine andere Schere und die feinen Haare ausdünnen, gibt mehr Stand, meint er.

Aus der zu kurzen Frühlingsfrisur ist eine Hochsommerfrisur geworden! Durch das ausgedünnte Haupthaar blitzt rosige Kopfhaut durch. Ich fühle mich geschändet. Und irgendwie selbst ein bisschen schuldig. Warum habe ich das mit mir machen lassen? Das ist ein massiver Eingriff in die Intimsphäre. Ich fühl mich jetzt auch nicht in der Lage, laut rumbrüllend auf diese Scheiß-Frisur aufmerksam zu machen.

Nach der nächsten eigenen Haarbehandlung stelle ich fest, die Haare sind wirklich verschnitten! Ich bin wütend, auf mich und auf alle Figaros.

Es ist immer noch Winter – trotz Kalenderfrühling. Ich trage noch lange eine Mütze, aus der nichts rausguckt.

Besuch einer Sushi-Bar

Mein Mann und ich besuchen eine neue Sushi-Bar in Cottbus. Die Speisen fahren auf dem Band vorbei und man nimmt sich, was man möchte. Wir brauchen einige Zeit, um das Prozedere zu verstehen. Nach einiger Zeit kommen tatsächlich drei Tellerchen mit Sushi-Röllchen vorbei, aber nicht der dazugehörige Ingwer.

Die stets lächelnde asiatische Kellnerin sagt ständig: „Kommen gleich Ingwer!"

Kommt aber nicht. Mein Mann wird ein bisschen grummelig. Nach einiger Zeit bringt sie uns Ingwer direkt aus der Küche. Genüsslich fangen wir an zu essen. Ingwer da, Sojasoße da, aber kein Sushi mehr. Alles Mögliche rollt vorbei, aber kein Sushi.

Ich versuche eine Unterhaltung, es gab viel zu besprechen. Mein Mann hört aber nur halb zu, mit der anderen Hälfte beobachtet er argwöhnisch und inzwischen wirklich hungrig das leere Band.

Die immer wieder vorbeieilende asiatische Verkaufskraft sagt ständig „Kommen gleich, kommen gleich!" – kommt aber nichts.

Dann reißt meinem Mann der Geduldsfaden und er verlangt barsch die Rechnung. Erst jetzt erkennt die Kellnerin den wahren Ernst der Lage. Nach einem ängstlichen „Kommen gleich!", läuft sie in die Küche, greift sich alles was sie tragen kann und stellt den ganzen Tisch voller Tellerchen mit Sushi-Röllchen, ein putziger Anblick.

Da wir aber innerlich mit der Speiseaufnahme abgeschlossen hatten, schaffen wir nur noch einen kleinen Teil davon. Aber die Kellnerin schleppt immer mehr an, bei jedem Gang am Tisch vorbei pries sie an: „Können auch haben geblatene Hühnchen, geblatene Ente, Flühingslolle ...“ Es hörte nicht mehr auf. Mit ihrer verzweifelten Schnell-aus-der-Küche-hol-Aktion verhindert sie gerade so einen Vulkanausbruch.

Freundlich und amüsiert verlassen wir die Sushi-Bar mit dem Wissen, hierher nicht mehr zu kommen.

Gartenkunde

Mein Mann ist hochintelligent, hat ein gutes Allgemeinwissen und ein großes Repertoire an allerhand unnützem Wissen, hat Spezialkenntnisse in Politik, Geschichte, Kriminalistik und Fußball. Den kann man bedenkenlos bei „Wer wird Millionär?“ mit Günter Jauch als Telefonjoker einsetzen. Nur bei Pflanzenfragen nicht, da weiß er nichts. Er kennt nur Rosen, Erdbeeren und Äpfel.

Nun soll er Stiefmütterchen kaufen. Auf dem Markt angekommen ruft er mich an: „Du, ich habe die Alpenveilchen gefunden, welche Farbe soll ich nun nehmen?“

„Du meinst Stiefmütterchen“, sage ich.

„Ja klar, also welche Schwiegermütterchen soll ich nehmen?“

„Gelbe Stiefmütterchen und bunte Hornveilchen“, meine ich lachend.

„Alpenveilchen haben sie keine“ sagt mein Mann nach erneutem Suchen.

„Nicht Alpenveilchen, Hornveilchen habe ich gesagt!“

„Ja, mein ich doch", sagt mein Mann. Im Hintergrund höre ich die Verkäuferin kichern.

Ich beschreibe jetzt detailliert das Aussehen von Hornveilchen.

„Ja, die sind da. Und welche Farbe nun?"

„Dann nimm einfach eine Stiege bunte Hornveilchen und eine Stiege gelbe Stiefmütterchen!"

„Okay", sagt mein Mann.

Ich habe danach einen fast nicht zu stoppenden Lachanfall gekriegt. Ein bisschen gespannt war ich dann noch, was er nun wirklich mitbringen würde. Aber es kam alles, wie bestellt.

Extremisten

Ich lebe mit Extremisten zusammen. Mein Mann ist extremer Verschwender und mein Sohn extremer Sparer und Allesverwerter. Ich bin genau dazwischen, also normal!

Mein Mann hat es gern warm, hell und lebendig. Sobald er ein „unbenutztes" Zimmer betritt, erst mal Licht an, Fernseher an und die Heizung auf bis Anschlag, es soll schnell warm werden. Die Möglichkeit vorausschauend, dass er dieses Zimmer im Laufe des Tages eventuell noch einmal betritt, bleibt alles an. Schließlich will er es zu Hause gemütlich haben. Am liebsten würde er noch draußen heizen, weil er ja so oft an die frische Luft geht – zum Rauchen. Was er dann eigentlich auch macht, über die offene Wohnzimmertür.

Wenn dann unser Sohn oder ich nach Stunden besagtes Zimmer betreten, schlägt uns eine dicke dumpfe Wärmewelle entgegen.

Ist der Sohn allein zu Hause, wird alles auf null gefahren, er schaltet die Stand-by-Geräte komplett aus und zieht sogar die

Stecker. Wenn wir dann erschöpft und frierend nach Hause kommen, es uns auf dem Sofa gemütlich machen, die Fernbedienung in der Hand nehmen, knips – nichts rührt sich!

Dann ist es gleich erst mal vorbei mit der Gemütlichkeit und Rumkrauchen angesagt, um die Stromquellen zu aktivieren.

Diese Extremisten nerven!

Sonntagmittag, es gibt gleich Essen. Der Sohn soll nur noch schnell den Papierkorb rausbringen. Er kommt ewig nicht wieder. Was macht der so lange?

Müll sortieren! Er hat all die vielen, vom Vater fleißig leergerauchten Zigarettenschachteln komplett auseinandergenommen. Außenfolie abziehen: gelbe Tonne, Alufolie innen rausholen: gelbe Tonne, Restschachtel: blaue Tonne, Bonbonpapier: gelbe Tonne ...

Der Sohn ist Extrem-Trenner, der Mann nimmt dieses Thema nicht so genau. Erst mal an den offenen Tonnen stehend, findet der Sohn massenweise falsch sortierten Müll und sortiert dann zurück. Das dauert natürlich!

Mein Mann mag nur frisches Brot. Der Sohn mag nichts wegwerfen oder umkommen lassen, also isst er erst mal das alte Brot auf.

Wenn das dann endlich alle ist, ist das Frische inzwischen auch alt. Unser Sohn isst also immer altes Brot!

Mein Mann ist ein schlechter Endverbraucher. Ist die Zahnpasta-Tube zwei Drittel leer, muss eine neue her. Genauso bei Duschgel und Shampoo. Was wird aus dem Rest? Den brauche ich auf. Während ich noch mindestens eine Woche an den alten Tuben und Plastebehältnissen rumdrücke und schüttle, macht es sich mein Mann mit den neuen gemütlich. Ich bin manchmal neidisch und genervt. Aber wo kämen wir denn da hin, wenn das alle so machen würden?

Neulich, also zu Ende des Herbstes, sagt mein Mann: „Im Winter müssen wir die Rollos runtermachen, da geht sonst zu viel Wärme verloren, das ist Verschwendung."

Ohne mich, ich mag keine total abgedunkelten Räume! Da könnten wir das ganze Jahr im Dunklen sitzen und seine Verschwendung hätte sich noch lange nicht amortisiert.

Winterurlaub in Österreich

Mein Mann lässt sich überreden, auf großen Gummireifen den Hang runterzurutschen. Beim Rutschen kriegt er mächtig Geschwindigkeit drauf und versucht mit den Füßen zu bremsen. Dabei wird Schnee aufgespritzt. Er sieht nichts mehr und rast weiter runter, über die Straße, wo gerade kein Auto fährt, durchbricht mit den Füßen einen Bretterzaun und prallt auf den Pfosten. Da hängt er dann.

Als eine Frau kommt, um ihm zu helfen, wimmelt er sie mit großspurigem Gerede ab. Auch als es zum Arzt geht, setzt er sich ans Steuer, er ist eben ein ganzer Mann.

Im Sprechzimmer begrüßt uns die „Ordonanz" (Arzt), ein kleiner Mann mit knöchellangem Kittel. Im rechten Winkel auf Hüfthöhe reicht er uns die Hand zum Gruß. Eine putzige Erscheinung.

Mein Mann ist weiter der „Mann". Als er sich auszieht und untersucht wird, beginnt er plötzlich zu zittern, wirkt kindlich ängstlich.

Die „Ordonanz" registriert den zusammengefallenen Macho. „Hat einen Schock", sagt er mit schadenfrohem Lächeln.

Ich beobachtete sehr amüsiert das Treiben der Beiden.

Erst ein Jahr später habe ich meinem Mann die Geschichte aus meiner Sicht erzählt. Er war geschockt.

Absurdes Weihnachten

Nun haben wir das Kind endlich wieder zu Hause, zwei Tage vor Weihnachten. Unser Sohn hatte Cottbus vor drei Monaten Hals über Kopf in Richtung Frankfurt am Main verlassen, um dort ein Praktikum zu machen.

Doch in zwei Tagen wird er wieder wegfahren, für fünf Monate nach Amerika. Eigentlich bräuchte er erst Anfang Januar hin, aber sein Mädchen ist schon dort und er will sie Weihnachten nicht allein lassen. So lässt er halt uns allein. In den zwei Tagen muss so viel erledigt werden, es herrscht Chaos. Aber Amerika ruft.

Am 24.12. um 10.00 Uhr morgens geht sein Flug. Auf der Fahrt zum Flughafen dudelt Weihnachtsmusik aus dem Radio und der Sprecher erzählt von Weihnachten in Familie. Einmal im Jahr kommen die Kinder heim …

Mir wird mulmig, eine heimliche Träne kullert. Es ist so absurd, fast alle auf dem Flughafen holen ihre Kinder ab, wir bringen unser Kind weg.

Nun gut, ab gehts. Er hat eine 22-Stunden-Reise vor sich, fliegt gegen die Zeitzonen und soll am Heiligen Abend in Amerika sein.

Ist er aber nicht. Der Flug hat Verspätung, den Anschlussflug hat er verpasst, sein Koffer ist weg. Unser Sohn sitzt Weihnachten allein und ohne Sachen in einem Flughafenhotel in Amerika, wir allein in Cottbus, sein Mädchen rast allein über amerikanische Autobahnen. Oh, du Fröhliche!

Am 25.12. haben sie sich dann endlich. Doch nach nur zwei Tagen trennen sie sich wieder. Sie hätten sich wohl entfremdet und sie sich neu verliebt.

Ich hatte ihm ein Geschenk für sie mitgegeben und ihr geschrieben: „Wir schicken dir das Beste, was wir haben, unseren Sohn!“ Das war alles so absurd.

Dieses Weihnachten soll ganz anders werden. Unser Sohn kommt nach Hause und wir wollen es uns traditionell gemütlich machen.

Und wir freuen uns auf Besuch aus Amerika! Ein Mädchen, das er dort kennen gelernt hat.

Kurz vorher erfahren wir, dass die beiden erst Heiligabend um 18.00 Uhr auf dem Flughafen ankommen, dann gehts am 27. schon weiter zum Skifahren. Ruhige Weihnachten werden das wohl wieder nicht.

Besuch aus Amerika

Wir freuen uns riesig auf Weihnachten. Unser Sohn wird da sein und Besuch aus Amerika mitbringen. Das Mädchen mag ihn sehr, sie will Deutsch lernen und Deutschland sehen. Sie will eine deutsche Suppe kochen lernen und in der Suppenbar etwas Geld verdienen. So wurde es gesagt.

Ich eile zum Nachbarn meiner Eltern und bestelle um, anstatt einer Ente soll es jetzt eine Gans sein. Ganz viel Weihnachtsbraten für uns und unseren Gast. Mein Mann meldet sich zum Englischkurs an. Er will mit dem Gast viel in englischer Sprache kommunizieren. Meine Schwester schlägt eine Benefizveranstaltung vor, auf der alle etwas Geld für die arme Studentin spenden. Ich gehe einkaufen, es soll an nichts mangeln. Meinen Sohn und seine Freundin werde ich mit einem bunten Süßigkeiten-Teller überraschen, so wie er ihn immer als kleiner Junge bekommen hat. Und ich überlege, wie ich meinen Kolleginnen schonend beibringe, dass im Januar eine neue Arbeitskraft kommt. Und ich stell mir vor, wie viel Spaß wir alle miteinander haben werden.

Vorfreude – schönste Freude!

Dann ist sie da! Ein hübsches, ziemlich großes Mädchen. Mein Mann empfängt sie mit einem lustigen englischen Willkommensspruch. Sie guckt ihn nur groß an. Ich umarme sie und spüre Starre. Was ist das? Bestimmt der Jetlag. Im festlich beleuchteten Weihnachtszimmer steht das Essen auf dem Tisch. Das Mädchen setzt sich mit einem angewinkelten Bein schräg an den Tisch und stochert im Essen rum. Sie schaut nur unseren Sohn an, durch uns sieht sie durch oder an uns vorbei. Die liebevoll ausgesuchten und eingepackten Geschenke schaut sie ohne Kommentar oder Gesichtsausdruck an. Na ja, war alles ein bisschen viel, ist bestimmt der Jetlag. Das wird schon. Nix wird. Der Jetlag dauerte sechs Wochen an (so lange blieb sie), sie wich unserem Sohn nicht von der Seite, sprach nicht mit uns, ersetzte die fehlende Sprache auch nicht durch Mimik und Gesten. Was war das? Nur übergroße Schüchternheit, die unser Sohn auch jetzt erst bemerkte? Mehr Wollen als Können?

Ja, die ganz große Liebe ist nicht immer wirklich gut.

Ostseeurlaub

Mein Mann hat einen kleinen Ostseeurlaub organisiert, verlängertes Wochenende auf Rügen.

Endlich wieder Ostsee! Endlich ein paar freie Tage! Ich freue mich wie ein kleines Kind.

Das Hotel ist eine Empfehlung von Bekannten. Wie ein weißer Fels steht der riesige Bau, der noch aus DDR-Zeiten stammt, oberhalb des Strandes. Alles schick, alles pompös, weitläufig und steif. Ich fühle mich zehn Jahre zu jung für diesen Ort.

Es gibt für die Hotelgäste sogar einen eigenen Strandzugang mit Zaun drum herum und Zifferncode für die Tür. Vom

Hotelgebäude runter zum Strand kann man einen Fahrstuhl benutzen. Jetzt fühle ich mich auch ein bisschen eingesperrt. Aber das geht wohl nur mir so. Mein Mann mag diese Art Luxus und das meist seniore Publikum sicher auch.

Das Frühstücksbuffet ist üppig. Wir sitzen draußen in der Sonne und genießen den schönen Morgen. Bei den Rentnern am Nachbartisch wird in altersgerechter Lautstärke über die letzte Hüft-OP erzählt, nachdem man sich das dritte Mal Köstlichkeiten vom Buffet geholt hat.

Es hat schon eine sportliche Note, dieses Frühstück. Natürlich will man alles Neue probieren, und dann isst man noch das, was man sowieso gern isst. Und „großes Hotel“ heißt „großes Buffet“, da hat man etliche Meter in den Beinen, ehe man völlig satt ist. Und weil die Kellner so flink sind. Sie sind so emsig mit Geschirrabräumen oder besser gesagt -wegnehmen beschäftigt, als bekämen sie in der Küche dafür Fleißpunkte oder andere Prämien. Verlässt man den Tisch, um noch eine Scheibe Käse für das restliche halbe Brötchen zu holen, ist das nach der Rückkehr samt Butterrest und Besteck inzwischen abgeräumt. Dann sitzt man da mit dem Käsescheibchen und muss sich nun wieder aufmachen, neues Brötchen, neue Butter und Besteck besorgen. Jetzt hat man wieder eine Brötchenhälfte und Butter übrig und müsste wieder los, um noch was zum Draufmachen zu holen. So ist man ständig am Rumlaufen. Das nennt man wohl aktives Erlebnis-Frühstück.

Die meiste Zeit sitzen wir also alleine am Tisch, weil einer immer die Essenreste des anderen bewachen muss, während sich dieser etwas nachholt.

Mein Mann erzählt mir in dem Zusammenhang, dass es unter Bauleuten die Redewendung gibt: „Zu viel ist schnell gemacht.“

Heute ist ein Sommertag wie er im Buche steht. Sonnenschein vom wolkenlosen Himmel, Windstille und Hitze. Wir mieten einen Strandkorb und Lesen. Lange halte ich es nicht aus, zu heiß. Ich werde eine Strandwanderung machen. Mein Mann hat ein dickes spannendes Buch begonnen und vergisst dabei die Welt um sich herum. Meinen Hinweis auf notwendige Sonnencreme lehnt er genervt ab. Aber das kenne ich schon.

Ich laufe also los und hänge meinen Gedanken nach. Vom Ehrgeiz getrieben, will ich die in der Ferne liegende Landspitze erreichen und schauen, was dahinter ist. Ich genieße das Laufen im Wasser, das Balancieren über Steine und das Schauen. Überall bauen junge Väter Sandburgen, während die Kleinen längst woanders spielen. Einer hat sich ein halbes Auto in den Sand gebaut, sieht gut aus – das Auto. Wieder ein Hundestrand, dann ein Stück Freikörperkultur. Ich setze meine Sonnenbrille auf, als könnte ich einen Schleier über die Nacktheit legen. Bei den meisten Nacktbadern wäre das sowieso das Beste, was drüberzulegen. Wo wohl manche Menschen dieses Selbstwertgefühl hernehmen? Von ihrem Körper können sie es nicht haben.

Inzwischen bin ich fast allein. Die Landspitze ist ganz nah, aber ich muss aufgeben, es geht nicht mehr weiter, links die Ostsee, rechts geht es steil nach oben. Schön ruhig und urwüchsig ist es hier. Nach einer Sitzpause auf einem großen Stein mach ich mich auf den Rückweg. Och ist das weit! Die Energie hat nur für den Hinweg gereicht, jetzt wird es anstrengend. Ich mache mir Sorgen um meinen Mann, er wird sich um mich Sorgen machen. Immer schneller gehe ich, soweit das in Sand und Wasser möglich ist. Das geht ganz schön in die Waden.

Nach zwei Stunden Strandwanderung finde ich meinen Mann immer noch in derselben Haltung lesend, aber sonnenverbrannt, im Strandkorb vor.

Nun sind wir für den Rest des Urlaubs behindert, können nicht mehr in die Sonne und nicht mehr gut laufen. Da bleibt nur noch Zimmer, Auto oder Fahrrad. Wir entscheiden uns fürs Radfahren. Auf dem Weg zum Fischer radeln wir durch liebliche Landschaft, vorbei an reetgedeckten Häusern und Gärten mit Stockrosen, Rosenstöcken und Heckenrosen.

Beim Fischer geht es rustikal zu. Am Nebentisch haben alle schon hochrote Gesichter. Wahrscheinlich brennt der für die Verdauung gedachte Fischergeist innerlich weiter.

Ich bin in Urlaubsstimmung. Und wenn ich das bin, plappere ich munter drauf los, Unsinniges, Spaßiges, Freches … Mein ebenfalls urlaubsstimmiger Mann kennt das und lächelt meist amüsiert oder freundlich genervt.

Wir studieren die Karte und ich kommentiere dabei: „Guck mal, es gibt Hecht, auch als kleine Portion, auch Flunder oder Scholle. Dorsch hatten wir ja gestern …“

Mein Mann fährt mich barsch an, ob er auch mal in Ruhe die Karte lesen kann.

Huch ist der ungemütlich. Ich will ihm doch nur helfen und beraten, weil er so unentschlossen ist.

Nach einer schweigenden gefühlten Ewigkeit fragt er mich doch ernsthaft: „Soll ich etwa heute wieder Dorsch essen?“

Dafür erntet er jetzt nur den entsprechenden Blick. Ich kann schweigen.

Inzwischen gilt mein Interesse einer neu eingetroffenen Gästegruppe, die sehenswert ist. Ein etwas älteres und zwei junge Pärchen nehmen am Tisch gegenüber Platz. Der ältere Mann sieht aus, als käme er direkt aus einer Disko der 70er Jahre, mit Rasierklingen-unter-den-Armen-Haltung, Schickimicki-Sachen, gefärbten Haaren und einem KAMM in der Gesäßtasche! So etwas habe ich lange, sehr lange nicht mehr gesehen.

Eine der jüngeren Frauen sieht komisch aus, irgendwie künstlich. Lippen und Wangen wirken aufgespritzt. Sie sieht aus wie Dolly Buster in jung. Sie redet und gestikuliert auch so, als sei sie ein VIP, eine „very important person“. Der Freund der Aufgespritzten hat nichts zu sagen.

Mein Mann hat sich inzwischen für Flunder entschieden, nur bei der Beilage weiß er nicht so recht. Ich könnte ihm genau sagen, was ihm schmeckt und was er verträgt. Ihm schlägt vieles schnell auf den Magen oder die Abwehrkräfte versagen. Dann hat er ein „Schnupperchen“ und ich kann alleine durch die Gegend fahren. Deshalb berate ich ihn eben, damit er nicht aus dem Kulturprogramm rausfällt.

Ja, so sieht es jeder aus seiner Sicht, freundlich genervt oder auch nicht.

Reiseimpressionen Grimma

Ob herbstgolden,
ob frühlingsbunt,
um nach Grimma zu reisen,
finde ich immer einen Grund!

Im Herbst 2010 besuchte ich Grimma das erste Mal anlässlich eines Schreibkurses von Martina Rellin.

Wir wohnten im Hotel „Schloss Gattersburg“, das majestätisch oberhalb der Mulde residiert. Es war ein wunderschöner Oktober. Bunte Herbststimmung, ein anheimelndes Städtchen, nette Menschen und schöne Erlebnisse hinterließen eine Wohlfühlstimmung und den Wunsch, noch mal wiederzukommen.

Nun ist es Ende April 2014 und ich reise wieder nach Grimma und wieder nutzte ich einen Schreibkurs von Martina Rellin als Reisegrund. Diesmal entscheide ich mich für das Abenteuer Zugreise, was ausgiebige Landschafts- und Menschenbetrachtungen erlaubt, aber großen Verzicht auf Komfort bedeutet. Dreimal Umsteigen, volle Züge, trotzlose Umstiegsorte, lange Fußmärsche und die Gepäckschlepperei sind anstrengend.

In meinen neu erworbenen frühlingsgrünen Rollreisekoffer passt nur die Hälfte dessen rein, was ich sonst mitgenommen hätte. Die Kofferverkäuferin empfahl ein Exemplar mit vier Rollen statt der üblichen zwei, was eine größere Beweglichkeit erlaubt. Wie ein Kind probiere ich nun alle Fahrtrichtungen aus, ziehe und schiebe und hole laufend was aus den „praktischen Zusatzfächern" und freue mich über den kleinen Grünling. Ihm zuliebe habe ich eine grüne Weste an und eine dicke grüne Kette um; wie gehören zusammen!

Grimma empfängt mich freundlich, aber irgendwie feiertagsleer. Dabei ist es Donnerstagabend. Mein Hotel finde ich erst nach vielem Fragen, die Einheimischen kennen sich auf dem Gebiet des Fremdschlafens wohl nicht so gut aus.

Ausschau haltend nach möglichen gastronomischen Versorgungspunkten fällt mir ein Schild auf. Erst mit Brille kann ich das vermeintlich neue Gericht richtig erkennen: „Gaffe un Guchn 1,50 €"

Ich schlafe gut in meinem Zimmer und genieße das eigene Bad. In der Pension, die ich den Rest der Tage bewohnen werde, soll es nur ein Etagenbad geben.

Der Frühstücksraum ist klein und gutbürgerlich eingerichtet. Die Hausdame ist resolut und freundlich. Sie platziert mich. Als Alleinfrühstückerin steht mir nur ein Platz an einem Zweiertisch zu. Auch das Ehepaar, welches kurz nach mir eintritt, bekommt freundlich einen Platz zugewiesen, verbunden mit der Drohung, wenn jemand kommt, müssen die an meinen Tisch mit ran. „Wir sind voll ausgebucht!", sagt sie mit Stolz.

Dann betritt ein junger Mann den Raum.

„Sind Sie alleine? Dann müssen sie hier bei der jungen Frau oder bei dem Paar dort drüben sitzen, wir sind voll ausgebucht!"

So, jetzt weiß er Bescheid. Nachdem er sich noch ein paar freie Minuten beim Betrachten des Büffets ergattert, währenddessen er wahrscheinlich abwägt, welches Übel er wählen soll, fragt er mich anständig, ob es gestattet wäre.

Was bleibt uns anderes übrig. Voll ausgebucht, da kann man nichts machen. Ich bin gerade bei der laut knuspernden Oberhälfte meines Brötchens angelangt. In dem kleinen Raum ist es total still. Es schmeckt mir nicht mehr.

Der junge Mann reagiert typisch. Nachdem er sich mit dem Schmieren eines Nutella-Brötchens beschäftigt hat, holt er sein Handy raus und checkt seine Mails. Sonst regt mich das ja auf, hier und heute war ich aber froh über seine Ablenkung. Was sich erwachsene Menschen alles bieten lassen. Aber dieser Akt der Bevormundung war geschickt hinter Freundlichkeit versteckt und der Überrumplungseffekt tat das Seinige.

Ich beende das Frühstück noch vor der Sättigung, aber nicht mehr hungrig.

Wellness

Na ja, muss ja jeder selber wissen. Jedenfalls bin ich in diesem desolaten Zustand kürzlich wieder in meine Wellness-Oase geflüchtet, mit drei Zeitschriften in der Tasche. Endlich Zeit zum Lesen.

Ich habe die „Emotion“ dabei. Eine tolle Frauenzeitschrift, die mir der frauenverstehende Sohn einer Freundin mal empfohlen hatte, seitdem lese ich sie fast jeden Monat. Viel Spaß habe ich immer an den Kolumnen von Herrn Pantelouris. Die sind witzig, lebensnah und mit einem bisschen Tratsch aus seinem Familienleben. Meist wundert er sich über die Taten und Gedanken von Frau und Töchtern.

Aber plötzlich schreibt er nachdenklich, langweilig, nichtssagend. Mir schwant, der ist verlassen worden. Seit über einem Jahr jammert er nun die Seite voll, es ist Schluss mit lustig, nur langweilige Gedanken. Langsam sollten die Macherinnen der

„Emotion" die Reißleine ziehen, aber typisch Frau, die bringen es wohl nicht übers Herz, zu viel Emotion.

Überhaupt geht mir die Zeitschrift nun doch langsam auf den Geist. Seitenweise Werbung für Kosmetik und teure Mode. Und dann immer wieder die eingeklebten Pröbchen, die schwer in den Seiten hängen. Aber was soll ich damit? Meine Schubladen vollstopfen? Meist kann ich gar nicht entziffern, was ich da geschenkt bekomme, klitzekleine Schrift und meist in Englisch oder gar Französisch. Haarwäsche oder Gesichtscreme oder Conditioner oder Lotion, was ist da drin? Bin nur ich so blöd, muss man die Marke kennen? Dann kleben sie an solch popelartigen Schleimfäden, wo soll ich damit hin? Unter die Liege pinnen? Na ja, muss ja jeder selber wissen.

Zurück zum Wellnesstag. Wie immer gehört eine Massage dazu. Diesmal nehme ich nicht die tolle Fußmassage, sondern eine Rückenmassage. Erstens habe ich mir nicht die Beine rasiert und will dem Personal nicht zumuten, diese schwarzen Stoppeln streicheln zu müssen und zweitens bin ich stark verspannt. Das merkt dann bald auch die kleine, zierliche Therapeutin.

Obwohl sie vorher abgefragt hatte, ob kräftig oder milder und ich deutlich um Milde bat, legt sie voll los. Wahrscheinlich hat sie nicht allzu oft so einen verspannten Arbeiterrücken vor sich, sondern eher die weichen von den Schönen und Reichen. Langsam fährt sie mit dem Finger eine gedachte Linie an meinem Rücken entlang und bohrt dann urplötzlich die spitzen Finger in mein Fleisch. Sie drückt und knetet mit dem ganzen Körper, haut sich voll rein, ballt das kleine Händchen zum Fäustchen und drückt mir die Knöchelchen schmerzhaft in den Rücken.

Ich halte das nur aus, weil ich von den Attacken immer wieder überrascht bin und mein Sohn letztens sagte, das muss weichgemacht werden. Er kontrolliert bei jedem Besuch, ob ich auch meine Übungen gemacht habe, so mit Schulterkreisen und so. Was solls, ich war wohl stabil labil.

Altkötzschenbroda

Altkötzschenbroda, mein Wohlfühlort. Gleich hat er mich wieder in seinem Bann! Es ist wieder einmal Zeit, eine Pause vom Alltag einzulegen – und nun bin ich da!

Ich freue mich über diesen herrlichen Tag, an diesem mit Sonne und mit Wolken, und über diesen zauberhaften Ort und über die Ferienwohnung. So schön hatte ich sie gar nicht mehr in Erinnerung! Im Rosengarten davor laden die Stühle zum entspannten Verweilen ein. Und ich lass mich einladen. Das leckere Mittagessen in der „Schwarzen Seele“ hat mich müde gemacht. Was solls, ich habe Urlaub, bin allein, alle Zeit gehört mir. Ich höre, wie die Spatzen im Brunnen ein Wasserbad nehmen. Dann fliegen sie auf das Rondell des Rosengartens, unter dem ich ruhe, und flattern sich trocken. Kleine feine Tröpfchen berühren mich.

Nach fast zwei Stunden Ruhe fühle ich mich gestärkt für meine Wanderung. Ich will nach Schloss Wackerbarth und in die Weinberge. Schauen, naschen, laufen, auf gehts.

Mein intuitiv gewählter Weg dorthin führt hauptsächlich an Straßen entlang. Irgendwann weiß ich nicht mehr weiter. Ich spreche eine putzige alte Dame an, die mit ihrem Mäntelchen und der Handtasche wie aus einer vergangenen Zeit wirkt. Sie unterhält sich mit einer am Fenster sitzenden Frau. Als ich nach dem Weg frage, übernimmt die Fensterfrau das Antworten. Die kleine Oma schaut mich derweil unverwandt an wie ein kleines Kind, so ein bisschen neugierig von unten nach oben, dabei direkt ins Gesicht. Wirklich putzig.

Der Weinberg am Schloss Wackerbarth ist mit reifen Trauben noch nicht so üppig bestückt, hier wächst hauptsächlich Riesling. Aber weiter oben gibt es Scheurebe und Traminer. Köstlich! Ich stopfe mich voll.

Plötzlich zieht Regen auf, gerade als ich den Gipfel erreicht habe und es mir im Gras gemütlich machen will. Eine Gruppe rheinländischer Touristen erreicht meine Basisstation und nervt mit lautem Geplapper. Die Regenwolke zieht ab und ich auch. Jetzt regnet es 500 Meter weiter über Radebeul, ein toller Anblick. Ich will unbedingt noch weiter in die Weinberge, am besten zu einem Weingut. Aber wo ist der Weg?

Als es nicht mehr weiter geht, finde ich eine Treppe nach oben zu einer Besenwirtschaft, sagt das unauffällige Schild. Endlich, ich bin schon ziemlich fußlahm und schleppe mich die Treppen hoch. Ein paar Stufen noch, dann gibts schönen sächsischen Wein.

Nein, nix mit Wein, zu die Bude. Kein Schild weit und breit, das mich vor dem Umsonstaufstieg gewarnt hätte. Was jetzt?

Um die Ecke finde ich eine weitere gigantische Treppe, die zu einem großen schönen Zinnen-Schloss führt. Schon lange vorher habe ich es gesehen, bloß keinen Weg dorthin. Auch hier steht kein Schild, aber die Treppe führt direkt zum Schloss. Sie ist sehr kompakt gebaut, wirkt aber irgendwie unfertig und fehl am Platz, so frei in der Landschaft. Wieder ist der Aufstieg sehr anstrengend. Ich mach eine längere Ruhe- und Denkpause, sitze auf der Treppe in der Sonne und mach mich lang. Das tut gut. Mit einer ordentlichen Portion Weinbeeren versüße ich mir den letzten schweren Aufstieg. Erschöpft erreiche ich das Ende der Treppe. Kein Zugang zum Schloss, nur Zaun und Dornen. Ende Gelände!

Ein kleines Weinwanderwegschild weist nach links. Direkt durch den Weinberg? Na gut, mir solls recht sein. Mein Bauch und mein Darm blähen sich. Fröhlich p… und naschend tapse ich weiter. Gut, dass ich allein bin. Dann ist auch dieser Weg zu Ende und führt nicht zum Schloss. Dabei ist es ganz nah, wirkt aber irgendwie unbewohnt. Später erfahre ich, dass es schon vier Jahre lang leer steht und mal als großes touristisches Projekt geplant war.

Nun bleibt mir nur der Rückweg durch den Weinberg und zurück zur Treppe. Zwischenzeitlich tröste ich mich, jede Weinbeere, die ich esse muss ich nicht trinken, es scheint mir gesünder so.

Nun möchte ich nur noch heimwärts. Kreuz und quer geht es durch die Stadt. Überall stehen protzige Villen und schöne Einfamilienhäuser. Ein Schild sagt „Vorsicht, bissiger Hund!“. Ich schaue auf den Hof. Ah, da sitzt er friedlich. Und als hätte er bemerkt, „jetzt liest die, wie gefährlich ich bin“, straffen sich auf meinen Blick hin alle Muskeln und die Ohren stellen sich spitz auf. Zu mehr war er aber nicht bereit, also kein Aufstehen, Bellen oder ans Tor springen. Diese Anstrengung war ich ihm wohl nicht wert.

Ein paar Häuser weiter öffnet sich langsam eine Tür. Dann kommt vorsichtig eine Hand mit Kaffeetasse, dann ein Mann im Jogginganzug. In der anderen Hand hält er eine Bierflasche und zwischen den Zähnen eine Tüte mit Gebäck. Wo will er so hin? Weit und breit war keine einladende Bank zu sehen. Sein Grundstück scheint noch eine Baustelle zu sein oder sieht es immer so müllig aus? Dann verschwindet er plötzlich hinter der Garage, wahrscheinlich ist da die Pausenecke.

Jetzt habe auch ich Hunger, und Appetit auf Nudeln. Also kehre ich in der hiesigen Pizzeria ein. Ich sitze draußen und genieße den Blick auf den Dorfanger von Alt Kötzschenbroda, beobachte die flanierenden Menschen und den kleinen italienischen Kellner. Mit den Händen auf dem Rücken kommentiert er alles ringsum mit diesem typisch deutsch-italienischen Singsang aus Langeweile und weil er sich dabei toll vorkommt. Ist er aber nicht, er nervt!

Zwischenzeitlich lese ich amüsiert mein Buch weiter, über italienische Kellner in Deutschland, die darin genauso beschrieben worden sind.

Weinselig

Ich radle an der Elbe entlang in Richtung Meißen. In meinem Kopf formen sich Erinnerungen zu Bildern, die mich hoffentlich bald erwarten werden. Ich freue mich auf die Silhouette von Meißen, die Weinwirtschaft am Ufer der Elbe, die Landschaft.

Die Sonne strahlt vom blauen Himmel, der sich lieblich mit Schäfchenwolken geschmückt hat.

Ich habe ganz schön zu strampeln. Der heutige Gegenwind fordert viel Kraft. Endlich komme ich in der von mir vor Jahren schon mal besuchten Weinwirtschaft an. Es ist eine königliche Residenz, denn alle Familienmitglieder waren schon Weinkönige. Aber der Zahn der Zeit hat den majestätischen Glanz blättern lassen. Alles wirkt eingestaubt und lieblos. Die einstige Weinkönigin ist jetzt Köchin und Kellnerin. Sie absolviert ihre Pflicht, zwar nicht unhöflich, aber lustlos. Ich frage sie, ob sie Zimt im Sauerkraut hat, es schmeckt sehr gut. Ja, im Rot- und im Sauerkraut, sie kocht alles selbst. Es klingt nicht stolz, eher dienstlich. Na gut. Also beschloss ich, auch dienstlich unterwegs zu sein in Sachen Geschmack, Spezialisierung sächsischer Weißwein. Bei der ehemaligen Weinkönigin liegt eine viel Arbeit verheißende Getränkekarte aus, mit einheimischen Weißweinen in vielerlei Ausprägung. Wenn ich jetzt meinen neuen Job ernst nehme, wird es gefährlich. Schon nach zwei kleinen Gläschen bin ich weinselig. Ja, es heißt im Wein liegt die Seele und ich glaube das! Meine grüblerisch gestresste Seele grinst jetzt. Ich fühle mich gedankenleicht und zufrieden. So einfach ist Leben! Aber nun vermiese ich mir selber den Spaß und mache jetzt hier Schluss, will ja noch weiter und der Rückweg muss auch noch unfallfrei geschafft werden. Ich habe mir also aus Selbstschutz die Spaßbremse angelegt. Ach Mensch, so ist auch das Leben! Der Wein ist so lecker. Ich kann seinen Geschmack wirklich genießen, aber er hat eben auch Alkohol.

Ich bin jedenfalls diszipliniert und fahre an mehreren Gasthöfen vorbei. Dann ist es wieder Zeit weiterzuarbeiten und ich kehre erneut ein. Nach dem Genuss von zwei kleinen 0,1er Arbeitsgetränken, verschwimmt vor meinen Augen die Elbe ein bisschen. Am liebsten würde ich unter der dicken Linde im zwielichtigen Halbschatten sitzen bleiben und noch ein Gläschen trinken. Der Augenblick ist kitschig schön, vor mir die Elbe, dahinter die grandiose Silhouette von Meißen, darüber der blauweiße Himmel – schöner, schlimmer gehts nimmer. Aber weit ist der Weg zurück. Die alte Zwickmühle des Lebens fängt an zu klappern, genießen oder verzichten. Ich trickse mich selber aus und bestelle mir einen Kaffee.

Hinter mir wird es lebendig. Eine Gruppe älterer Menschen kommt an. Drei junge Betreuungskräfte haben voll zu tun, die Herrschaften zu platzieren. Man merkt den Senioren an, dass sie noch vor kurzem ein selbstbestimmtes Leben hatten. Sie wirken noch fremd beim Sich-helfen-lassen. Die Pflegerinnen sind aufmerksam und lassen diesen Menschen ihre Würde.

Nun rückt der Weingenuss in den Hintergrund, das wahre Leben übernimmt die Führung. Jetzt sollen die Senioren fotografiert werden. Die Knipserin versucht, bei ihnen ein Lächeln zu erzwingen. Und weil die alten Leutchen „Cheese" wohl nicht verstehen, ruft sie: „Spaghetti!"

Einer Dame dauert das zu lange und sie fragt mürrisch in das Gewusel rein „Sind sie bald fertig?"

Ein paar lachen. Das ist ein ehrliches Alter. Wie Kinder sagen sie einfach alles direkt heraus. Und der Geschmack ist auch wieder fast wie damals als Kind, auf Süßes ausgerichtet. Nun gibt es Kaffee und Kuchen.

Wieder auf dem Radweg, überhole ich eine Mutter mit ihrem Sohn. Als ich an dem Buben vorbeifahre, treffen sich unsere Blicke. Jetzt scheint er in meinem Bann und radelt mir plötzlich wie wild hinterher. Ich spiele mit und trete auch rein. Fast hätte mich das Bürschchen eingekriegt. Mit breiten Armen und dem

Kopf dicht über dem Lenker jagt er mir hinterher. Das geht ein Weilchen gut, dann füllt sich der Radweg mit einer neuen Gruppe Radler und ein Fremder gerät zwischen uns.

Die Rufe der Mutter werden immer dringlicher: „Steven, pass auf! Fahr langsamer! Fahr rechts ran! …“

Jetzt wird es gefährlich für den Kleinen. Ich lass mich nach hinten fallen und einkriegen.

„Jetzt hab’ ich dich!“, ruft sein helles Stimmchen.

Weiberurlaub in Sachsen

Es ist Herbst, die Bäume sind bunt, die Trauben sind reif, die ideale Zeit für einen kleinen Urlaub im idyllischen Altkötzschenbroda. Die hübschen Gasthäuser laden zu Federweißer und gutem sächsischen Wein ein. Ja, hier bin ich Mensch, hier darf ich’s sein. Mit Freundin Moni, die wie ich dem Rebensafte zugeneigt ist, wollen wir hier drei tolle Tage erleben.

Unsere Ferienwohnung ist gemütlich, die Sonne scheint und wir sind guter Dinge. Wir sondieren das Örtchen, chartern uns Fahrräder und auf gehts in Richtung Meißen. Und schon bald kehren wir ein und kosten vom guten sächsischen Wein.

Meine Schwester Kerstin macht mit Freundinnen gerade auch Urlaub in Altkötzschenbroda. Die Gubener Frauengruppe wohnt in einem Heu-Hotel. Das heißt, sechs Frauen in einem Raum, nur leicht unterteilt in zwei Buchten mit Heu. Kann wildromantisch sein zu zweit, aber zu sechst ist es einfach nur laut. Eine Freundin zeigt vom vielen Heuduft eine leicht allergische Reaktion in Form einer verstopften Nase, weshalb sie dann schnarcht wie ein Mann. Aber mit genug Wein intus haben alle die Nacht halbwegs überstanden. Nur Kerstin und Heike haben am Morgen noch Strohköpfe, also viel Heu in den Locken.

Am nächsten Tag machen die Mädels eine Radtour nach Moritzburg und wir schließen uns an. Nach 30 Minuten gibt es schon die erste Rast mit Sekt zum Auftanken. Wir kommen auf den Geschmack und wollen mehr. Nach einer weiteren halben Stunde Fahrzeit finden wir ein Weingut mit Ausschank, welches wir dann auch ansteuern. Wir ordern leckeren Müller-Thurgau und Federweißer. Die Wirtin stellt uns zusätzlich einen Teller mit köstlichen blauen und weißen Trauben auf den Tisch, um eine Plünderung ihrer Reben zu verhindern. Hier könnten wir eigentlich bleiben, aber Moritzburg wartet. Die Weiterfahrt gestaltet sich schwierig, es geht fast ständig bergauf und über vielbefahrene Straßen.

Zwischendurch erzählt mir Kerstin die Geschichte vom Vortag. Die sechs Frauen radeln bergan. Heike ist an der Spitze und kämpft sich mühsam hoch. Ute ruft von ganz hinten ihrer Schwester zu: „Schalten!"

Auf dem Weg nach vorn wird aus „Schalten!", „Halten!", wie bei der stillen Post.

Warum soll ich mitten am Berg halten, fragt sich Heike, gibt dem Gruppenwunsch aber nach und hält an, die anderen auch. Auch Ute wundert sich, warum alle anhalten.

An der Moritzburg angekommen, springen wir von den Rädern und machen Fotos und Weinpause.

Dabei okkupieren wir den gesamten Gehweg. Kerstin versucht die Mädels zur Ordnung zu rufen. Aber Heidrun hat keine Zeit ihr Fahrrad umzuparken, sie arbeitet gerade als Fotomodell. Und Heike will ihr Fahrrad unbedingt mit auf das Gruppenfoto haben und erschlägt damit beinahe einen harmlosen Fußgänger.

Ein älterer Herr bietet sich an, den Weiberhaufen komplett abzulichten. Schnell kommt er mit den Frauen ins Gespräch und genießt sichtlich seine Gockelstellung. Als er die Frage, ob er noch arbeiten geht, damit bejaht, dass er ja das Geld für die vielen Alimente ranschaffen muss, wundert mich das nicht. Es ist ja gerade Hengstparade in Moritzburg.

Wir drehen eine Runde um das Cinderella-Schloss und finden dann tatsächlich den Schuh von Aschenputtel auf der Treppe, der zu einem professionellen Foto-Shooting genutzt wird.

Dann trennen wir uns. Die anderen wollen um vierzehn Uhr wieder in Altkötzschenbroda sein und müssen sich sputen. Wir haben Hunger und Durst und werden später gemütlich einen anderen Weg zurück nehmen. Laut Hotelauskunft soll der Rückweg nur bergab gehen. Wir suchen diesen Weg und finden ihn nicht. Über Berg und Tal irren wir durch Sachsen. Es fängt an zu nieseln.

Irgendwo in der Walachei kommt uns ein junges Pärchen entgegen, das ihren Hund ausführt. Ich frage den jungen hübschen Mann nach dem Weg und er antwortet sinngemäß, dass er ihn nicht kennt. Moni versteht nichts und fragt mich ein paar Meter weiter: „War das ein Flüchtling?“

Ich sage: „Nein, nur ein Sachse!“

Irgendwann finden wir ein Gasthaus, kehren ein und dürfen noch die Reste vom Brunch kosten. Egal, endlich ausruhen können und was zum Essen haben. Frisch gestärkt finden wir dann den Rest des Weges. Oben in Radebeul angekommen, geht es in Sturzfahrt nach unten. Aha, das hatten die vom Hotel gemeint.

An unserem letzten Urlaubstag wollen wir noch Schloss Wackerbarth mit seinem tollen Weinberg besuchen. Wir fressen uns durch die Reben. Jetzt noch mal schnell auf die Toilette und dann geht’s nach Hause. Ich gehe auf die Damentoilette, Moni verschwindet auf dem Behindertenklo (wollte wohl Zeit sparen). Als ich von meiner Toilette komme, kommt aus Monis Toilette lautes Gequatsche, dann ein Mann, dann Moni.

„Was ist denn hier los?“, frage ich.

Moni hatte den Knopf für die Spülung nicht gefunden und versehentlich den Notruf ausgelöst. Der junge Mann kam sofort herangeeilt, um der „Behinderten“ zu helfen.

Sturm am Meer

Den ganzen Tag regnet es. Mein Wochenende in Ahrenshoop habe ich mir anders vorgestellt. Aber ich bin ja zu einem Schreib-Workshop hier und das passiert ja drinnen.

Nach dem Schreiben geht unsere kleine Künstlertruppe was essen. Der Sturm wird immer heftiger. Draußen fliegt laut scheppernd die Herbstdeko durch die Luft. Ich will zurück, in mein Zimmer, mich in Sicherheit bringen. Noch schnell die paar Meter hochlaufen und einen Blick auf die Ostsee werfen.

Und dieser Blick erschlägt mich fast. Ich kann kaum fassen, was ich sehe.

Wie auf alten kitschigen Gemäldeschinken ist das graugrüne Meer aufgewühlt, voller Schaumkronen. Der auch graugrüne Himmel taucht mit seinen düsteren Wolkenformationen scheinbar in das Meer ein. Jeden Augenblick muss der Klabautermann da irgendwo auftauchen. Dieser Anblick lässt mir fast den Atem stocken, dann juchze ich vor Freude. Jetzt verstehe ich Maler, die immer wieder diese Stimmung einfangen wollten.

Ich gehe weiter bis hoch zur Buhne 12. Der Wind schießt feine Sandkörner wie Schrotkugeln durch meine Jeans, dass es nur so piekt. Zwischendurch reißt an kleinen Stellen der Himmel auf, leuchtendes Blau und herrliches Goldgelb des Sonnenuntergangs blitzen durch. Was für ein Schauspiel! Das Meer brüllt. Es ist laut wie in einem Maschinenhaus.

Ich laufe grinsend vor Glück hin und her und halte mit beiden Händen meine Kapuze fest.

Ganz unten am Meer schießt der Wind mit feinen Wassertropfen. Am Strand hat sich gelbgrüner Schaum abgesetzt, als wäre dem Meer von dem ganzen Trubel kotzübel. Das sieht irgendwie albern aus, wie der Wind nun auch noch an diesem wabbeligen Schaum zerrt, dann reißt er doch einen kleinen Fetzen raus und schießt ihn weg.

Als ich zurückgehe in mein Hotel, komme ich an einem schönen Bauerngarten vorbei. Der Sturm hat auch hier gewütet und alle Trompetenblüten vom Trompetenbaum gerissen. Nun liegen ihrer neun platt und klanglos am Boden.

Hitzewellen

Wieder eine Hitzewelle, wieder wach! Dieses ständige schwungvolle Wenden der Bettdecke, die mit den Füssen ausbalanciert wird, hat schon eine sportliche Note. Kein Wunder, dass ich tagsüber keine Kraft und Lust mehr auf Sport verspüre. Das Wort Wendebettwäsche erlangt hier eine neue Bedeutung.

Eigentlich bin ich nicht nachtaktiv, aber die Wechseljahre machen's möglich, der Aktivmodus wechselt von Tag auf Nacht. Ja, in unserem Schlafzimmer ist nachts mächtig was los. Ich kämpfe auf meiner Seite mit den Hitzewellen und mein Mann auf seiner Seite um Atemluft – beim Schnarchen.

Wenn ich den Hitzewellen zwischenzeitlich entkommen bin, greift mein Mann mit Schnarch-Attacken an. Manchmal ist es aber für viele, viele Sekunden still, er atmet nicht mehr. Was soll ich tun, ihn retten und der Krach geht weiter oder ihn sterben lassen und es ist Ruhe? Meist entscheide ich mich für retten, indem ich ihn ordentlich anstupse. Die angestaute Ausatemluft entlädt sich dann in einem langen, starken Puster in mein Gesicht. Spätestens jetzt bin ich ganz wach und habe Zeit über meine Ehe oder wenigstens getrennte Schlafzimmer nachzudenken. Nun ringt mir auch noch die Nacht Entscheidungen ab, so kann man nicht regenerieren. Wer kann schon neben einem in Betrieb befindlichen Sägewerk schlafen? Und mit jedem Bier vorher verstärkt sich die Aktivität des Sägewerkes.

Wenn ich das schon sehe, bequeme Haltung, schon fast horizontal, Bier auf dem Tisch, Müdigkeit … „Ich gucke das bloß noch zu Ende!" …, dann weiß ich, das wird wieder eine einsame Nacht, nur belebt durch die nächtliche Wanderung durchs Haus zwecks Ausschalten aller Lichtquellen und des Fernsehers.

Aber was solls, die Einsamkeit ist wenigstens nicht mehr so kalt wie früher, ich habe ja jetzt meine Hitzewellen.

Diese ständigen Schlafstörungen machen mich nicht wirklich fit für den nächsten Tag. Hört sich lustig an, ist es aber nicht. In manchen Gefängnissen wurden die Insassen durch permanente Schlafstörung mürbe gemacht und so Geständnisse erzwungen. Das nannte man Folter. Mein Schlafentzug hingegen wird nicht mal als Kranksein anerkannt, von niemandem!

Frauenträume werden war

Ich habe Ostseesehnsucht und frage in Börgerende bei Frau Pleschko nach, ob was frei ist am Wochenende nach Himmelfahrt. Ja, ich könne kommen, meint sie.

Weil ich glaube, dass am Himmelfahrtstag alle Männer auf ihren Fahrrädern unterwegs sind und ich mit dem Auto gut durchkomme, entscheide ich mich kurzfristig, schon am Donnerstag zu starten.

Dies stellt sich als gravierender Irrglaube heraus. Auf diese Idee kamen sehr, sehr viele Menschen. Ich stehe ständig im Stau und bin erst abends da. Meine Vermieterin konnte ich nicht mehr erreichen, aber sie hatte ja gesagt, Schlüssel steckt, falls ich eher komme.

Ich werde also nicht mal begrüßt und bereue meine Entscheidung. Alle feiern jetzt zu Hause zusammen und ich sitze hier einsam und allein.

In der Ferienwohnung ist es kalt. Ich fühle mich diesmal nicht ganz wohl und kontrolliere auch sicherheitshalber, ob die Zwischentür zur Vermieterwohnung abgeschlossen ist. Alles okay Dann ziehe ich meinen Schlafanzug an und kuschle mich mit einem Buch ins Bett.

Ich schlafe unruhig und träume von einem zärtlichen Mann. Am zeitigen Morgen werde ich durch Geräusche in meiner Ferienwohnung wach. Wie geht das? Ich bin hier drin allein, es ist alles abgeschlossen.

Vorsichtig öffne ich die Schlafzimmertür und sehe, wie ein junger nackter Mann in meinem Bad verschwindet. Ich knalle meine Tür zu. Nicht aus Angst vor dem Mann, sondern aus Angst, dass er mich so sieht. Ich hatte wegen der Kälte mein Schlafanzugoberteil in die Hose gesteckt, das sah voll doof aus. Ich zerre das Oberteil raus und zieh schnell eine Weste über. Dann schleiche ich zum Bad. Es ist leer. Ich schwanke zwischen Erleichterung und Ärger über mich selbst. Wie konnte ich mir so eine Chance entgehen lassen. Anstatt sofort hinterher zu laufen und ihn im Bad einzusperren und dann mein Outfit zu verändern und dann mal sehen. Fast wäre mein Traum wahr geworden. Na ja, der liebe Gott gibt sich schon Mühe, aber meist steht man sich selbst im Weg. Es stellte sich heraus, dass auch der Sohn der Familie mit Familie eher angereist war, der von Feriengästen nichts wusste und einfach mal schnell das alte Bad unten nutzen wollte.

Bei Tageslicht sah dann übrigens alles nicht mehr so schlecht aus wie am Abend der Ankunft. Ich machte eine große schöne Fahrradtour bis Warnemünde und war mit meiner Entscheidung wieder zufrieden.

Dubai

Der erste Urlaubstag. Wir sind dem Rest des Winters in Deutschland entflohen – ab ins Paradies, nach Dubai. Dort angekommen, bläst uns die arabische Hitze wie ein Fön an.

Selbst wir sonnenhungrigen Touristen suchen unser Heil in einem halbschattigen Plätzchen am Pool. Als Tourist hat man es nicht leicht. Erst ist es ein riesiger Kraft-, Geld- und Zeitaufwand hierher zu kommen, und dann braucht man einen ganzen Tag, um sich von Reise und Hitze auszuruhen. Ja, ja, die üblichen Erschwernisse des Touristen, immer will man das, was man nicht hat. Ich jedenfalls freu mich jetzt schon auf den Frühling in Cottbus. Nirgends ist er schöner, grüner, bunter, frischer, lebendiger, sauberer …

Wir beenden den ersten Tag mit je drei Gläsern köstlichen Weißweins und zwei Cola-Wodka. Man muss ja schauen, was bei all-inclusive so drin ist.

Inzwischen ist es halb elf und wir sind todmüde, wollen nur noch ins Bett (und aufs Klo). Unser Zimmer liegt ziemlich am Ende der Anlage. Als wir müde und mit voller Blase vor der Wohnungstür stehen, lässt sich diese nicht öffnen. Die Türöffner-Karten werden hektisch in allen Richtungen in den dafür vorgesehenen Schlitz gesteckt, aber nichts rührt sich. Also, wir wieder vor zur Rezeption, quasi durch die ganze Anlage, Lutz hin zur Rezeption. Dort Palaver, Palaver, Karte hin und her, sollte jetzt gehen. Wir zurück zur Wohnung, nichts rührt sich. Jetzt ist es mit Lutzes kurzfristig erworbener Urlaubsstimmung vorbei! Wütend stapft er wieder vor. Ich setzte mich draußen auf die Treppenstufen, um ein bisschen bewegte arabische Heißluft zu haben.

Nach einer Weile kommt Lutz in Begleitung eines asiatischen Hotelangestellten im Rolly angefahren. Alle drei hoch zur Tür, nichts rührt sich. „Batterie“, sagt der Asiate an uns gerichtet, „muss rufen Ingenieur“. Wir wieder runter vors Haus, warten.

Nach neuer Wartezeit kommt der hell gekleidete Ingenieur, hektisch reintretend, auf seinem Rad mit drei Rädern und großem Gepäckträger. Darin befand sich ein Stoffbeutel mit was drin. Wahrscheinlich die arabische Variante einer Werkzeugtasche. Jetzt alle vier hoch zur Wohnung. Der Ingenieur wühlt ständig in dem Beutel und stellt dann fest, so wird das nichts, Monteur muss her. Alle wieder runter, der Ingenieur radelt wieder hektisch reintretend davon, ein lächerlicher Anblick.

Nach einiger Zeit kommt aus der anderen Richtung ein schwarz gekleideter Monteur, auf einem schwarzen Dreirad, mit schwarzer Hautfarbe, vielleicht auch schwarzer Seele? Auch der weiße Ingenieur kommt zurück. Jetzt standen wir also zu fünft in dem engen Flur vor unserer Wohnungstür. Eine sogenannte internationale Eingreiftruppe.

Dann endlich, die Tür ist auf! Nun können wir zwar ins Zimmer, aber das Schloss ist ja noch nicht repariert! Lutz versucht, die Crew zu überreden, den Reparaturtermin auf den nächsten Tag zu verlegen, aber darauf lassen sich die ehrgeizigen dienstbeflissenen Hotelfachkräfte nicht ein. Sie verlassen uns noch mal für eine halbe Stunde, um Material zu holen und reparieren dann alles endlich fertig. Wir sind auch fertig.

Aber wir hatten ja all-inclusive gebucht, das volle Programm.

Aus Anlass der Dubai-Reise suche ich nach Literatur, die uns Land und Leute ein bisschen näherbringen soll.

Ich erwische ein Buch über das Los über eine reiche Familie in Arabien. Trotz Reichtum hatten die Frauen keine Rechte, waren dem Wohl und Wehe des Ehe-Mannes oder Vaters ausgeliefert. Nun bin ich schon erstmal sauer auf die arabischen Machos.

Als wir eine Ganztags-Dubai-Rundfahrt buchen, sitzt ganz genauso ein Exemplar am Steuer. Der dicke Bauch beult das weite Gewand gehörig aus, ein dicker Ring am Finger und die dicken Backen vollgestopft mit Kautabak. Er erzählt uns, dass er Hussein heißt. Mir ist unwohl! Er spricht mich, wenn überhaupt, mit Madam an.

Vor Fahrtbeginn hatten wir ausgemach, dass Lutz vorn sitzen darf und so uneingeschränkten Blick auf das achte Weltwunder hat. Das habe ich ihm sozusagen noch nachträglich zum Geburtstag geschenkt. Lutz ist höflich und überlässt sonst mir die freie Platzwahl. So ist er meist derjenige, der im Restaurant die Wand anstarren muss mit eigenem Frauenbild davor.

Der arabische Macho jedenfalls findet Lutz gleich toll, weil der seine Frau standesgemäß auf die Rückbank geschickt hat.

Mir ist es recht, muss ich nicht ständig auf das Gerede von dem Typen reagieren. Und Hussein redet viel! Schadenfroh registriere ich, wie Lutz langsam müde wird und seine Ruhe haben will, aber Hussein muss ja ständig angeben und dafür wenigstens ein Ja oder ein Kopfnicken als Bestätigung erhalten.

Mindestens dreimal legt er frischen Kautabak nach und knatscht ihn laut und genüsslich. Mich schaudert es. Da sehnt sich doch der Mund regelrecht nach der abendlichen Zahnbürste, hoffe ich jedenfalls.

Der Gerechtigkeit halber muss ich erwähnen, Hussein gibt sich viel Mühe und zeigt uns viel, was man so nicht gefunden hätte.

Wir sind von Dubai überwältigt. Es scheint mir die Welthauptstadt der Übertreibungen zu sein. Alles ist hier gigantisch, die Gebäude, die Raffinessen, die menschlichen Leistungen, der Reichtum, die Energieverschwendung …

So erleben wir auch eine ganz besondere Stunde in Dubai, eine sogenannte Stromsparstunde. Alle im Land sind von 20.30 Uhr bis 21.30 Uhr zu minimalstem Stromverbrauch angehalten, der Umwelt zuliebe. Ein bisschen unwirklich und grotesk an diesem Ort der weltweit größten Energieverschwendung!

Man hat uns drei Teelichte ins Zimmer gestellt, verpackt in einem schicken Beutelchen, darin auch eine bunte Broschüre mit Erläuterungen.

Als wir auf der Restaurantterrasse beim Abendessen sitzen, geht tatsächlich das Licht aus. Nur auf die Weihnachtsbeleuchtung an den Palmen, die Poolinnenbeleuchtung und die laute Musik konnte wohl nicht verzichtet werden. Da wir im Dunkeln nicht weiter Essen konnten, hatte auch für uns diese Sparstunde etwas Gutes, wir sparten Kalorien.

Nun gut, wir nehmen hier alles mit, Dubai all-inclusive.

Laut Reiseführer regnet es in Dubai nur fünf Tage im Jahr. Wir haben drei dieser besonderen Tage erwischt, wir Auserwählten. Zweimal tröpfelte es zwar nur, aber immerhin Regen im Wüstenland! Eigentlich waren wir ja wegen der Sonne hier, aber man muss ja mitnehmen was sich so bietet, bei all-inclusive.

Wie gesagt, wir hatten all-inclusive gebucht. Das heißt dreimal am Tag Essen und Trinken so viel wir wollen.

Zum Mittagessen, dem sogenannten Brunch, müssen wir ins Strandhotel gehen, was nicht schlimm ist. Dort schmeckt alles ein bisschen besser als in unserem Hotel. Heute gehen wir mal zeitiger, hatten wir beschlossen und beim Frühstück Zurückhaltung geübt. Jetzt haben wir Knast und freuen uns auf das Gelage. Zwei große Busse vor dem Hotel lassen mich Schlimmes ahnen. Wir steuern wie immer unseren Essenraum an, werden aber nicht reingelassen. Anstellen ist angesagt, warten, bis was frei wird. Lutz ist sofort von Null auf Hundert. Oh Gott, ich dachte diese Krankheit wäre durch! Wir, also Lutz, wütend raus aus dem Haus. Runter zur Beach-Bar mit Bier trösten. Dort unten gleißende Sonne, kein Schirm frei. Dem Lutz ist heiß, in ihm brodelt es. Ich will lachen, darf aber nicht. Jetzt hängt alles von mir ab, sonst ist der Tag im Eimer, Lutz ist nicht mehr bei klarem Verstand.

Ich schlage vor, nach oben zu gehen und in den Sesseln vorm Hotel im Schatten weiter zu lesen. Sein Buch war total spannend und wie ein kleiner Junge ließ er sich das kleine Überredungsschmankerl geben. Wir sitzen jetzt also und lesen. Nehmen wir eben geistige Kost zu uns! Nach einer weiteren hungrigen halben Stunde mutiere ich zur Diplomatin und besorge an der Beach-Bar Bier für Lutz. Ich bin stolz auf mich, Lutz wird ruhiger. Was mich allerdings stutzig macht, ist, dass die kleine Asiatin hinterm Tresen den Namen zu unserer Zimmernummer weiß. Das kann nicht sein, sie hatte uns noch nie bedient! Sind unsere Getränkeabrechnungen hier so spektakulär und Hotelgesprächsstoff oder sind wir denn die einzigen All-inclusiver? Bestimmt, denn blaue Bändchen sehe ich nur bei uns und einer Goldlöckchen-Frau aus Sachsen-Anhalt.

Zurück zum Eigentlichen: Kurz vor 15.00 Uhr, dem Brunchende, betrete ich mit dem beruhigten Lutz das Speiserestaurant. Eilig und dienstbeflissen sucht uns der vorherige Einlasser oder besser gesagt Draußenlasser, einen Platz. Er fragt nicht mehr nach der Zimmernummer. Lutz Gesichtsausdruck hat Wirkung hinterlassen. Das Büffet sieht noch gut aus, von weitem jedenfalls. Bei den warmen Speisen ist schon der Topfboden sichtbar.

Ich löffle mir ein bisschen Soße mit Sesammöhren auf. Lutz fragt, was das ist. Ich sage, dass, was wir vorgestern schon mal gegessen haben … schmeckt gut … heute bloß ohne Fleisch. Das hätte ich nicht sagen dürfen, sofort bricht der Vulkan in Lutz wieder aus. Er dreht wütend ab, will nichts mehr. Ich aber! Mensch Leute, erst lasst ihr ihn nicht essen und dann habt ihr nicht mehr das volle Angebot. Was soll das? Lutz sitzt am leeren Tisch und pumpt, sagt nichts und ist knallrot vor Wut.

Jetzt reicht es mir. Die ganze Zeit über musste ich schmunzeln, aber jetzt ist gut. Ich bete laut: „Völker dieser Erde, gebt Lutz Essen, wann immer er glaubt, dass es ihm zusteht und in der Menge und Qualität wie er glaubt, dass sie im zusteht.“

Jetzt muss auch er lachen. Ich kriege einen Lachanfall, alle Anspannung darf raus. Nun ist wieder gut.

So schnell der Sturm aufzog, so schnell zog er wieder ab. Charmant und höflich verabschiedet sich Lutz später und hält sogar noch die Hoteltür nacheinander für die kinderwagenschiebenden Frauen auf, der Liebe!

P. S.: Die Krankheit heißt Cholerik, Spezialisierung Essen. Ich habe Lutz dann auch für das relativ glimpfliche Überwinden der schweren Krankheit belohnt, mit Ruhe vor mir: Er ging mit seinem Buch an den Pool und ich mit meinem Schreibzeug ans Meer.

Marion also allein am Meer. Jetzt kann ich aller Ruhe meine Gedanken zu Papier bringen und noch mal so richtig in mich reinlachen, nein dieser Lutz! Bisschen Angst hat er schon davor, dass seine neuerdings schriftstellernde Frau seine „Besonderheiten" aufschreibt, zu Recht! Ich genieße jedenfalls das Schreiben am Meer.

Dann laufe ich am Strand entlang, bis es nicht mehr weitergeht. Vom Ufer her „piept" mich ein asiatischer Uniformierter an, und fordert mich zur Umkehr auf. Wahrscheinlich ist das schon privates „Scheichgebiet".

In der Gegenrichtung läuft es sich auch schön, ich hänge meinen Gedanken nach, bis ich wieder „angepiept" werde. Diesmal von einem mit Warnweste ausstaffierten Bauarbeiter. Er macht mir klar, hier darf ich nicht weiter. Oh, erst jetzt merk ich, ich bin auf Höhe Baustelle Palasthotel. Na klar, die Bauarbeiter sollen ja klotzten und nicht glotzen, Traumschlösser bauen, nicht Luftschlösser. Der arme Mensch wurde allein zu dem Zwecke abgestellt, verirrte weibliche Badenixen von den Blicken der Bauarbeiter fernzuhalten. Dabei war ich doch noch mit einem fast landestypischen transparenten schwarzen Tüllkleidchen behangen. Nun gut, wer weiß, wie weit ich noch gelaufen wäre. Ich hatte gerade gedanklich so viel Spaß mit mir selbst!

Inzwischen ist es später Nachmittag, langsam könnte ich zurück ins Hotel gehen. Aber vor mir laufen vier Anzugträger wichtigtuend hin und her. Hier passiert bald was, vielleicht werden neue große Bauvorhaben abgestimmt.

Nach längerer interessierter Beobachtung kriege ich raus, hier soll eine Fahnenstange (oder etwas Ähnliches) eingegraben werden. Nachdem die vier Wichtigtuer weg sind, kommt einer von ihnen mit zwei Arbeitern mit Schippen wieder. Sie graben ein Loch und gehen weg. Das Loch wird von einem Hotelangestellten bewacht. Dann kommt ein Ingenieur, an der Kleidung erkennbar, ein Mechaniker, dann noch ein Ingenieur. Es wird geguckt, telefoniert, aber nichts wirklich getan. Zwei gehen wieder weg und kommen nach langer Zeit wieder, mit einer Schubkarre. Wieder geht einer lange weg, wie sich rausstellt, zum Wasserholen, die anderen warten. Offenbar soll die Stange in Beton gegossen werden. Na klar, sie muss in dem Sand ja irgendwie halten. So, Wasser ist da, rein ins Loch. Alle starren dem versickernden Wasser hinterher. Nach einer Weile kommt ein fünfter Arbeiter, der Kleidung nach ein Monteur. Der bringt eine Plane mit. Aha, darauf soll wohl der Zement angemischt werden. Inzwischen ist aber die Schubkarre umgekippt. Die Burschen lachen dezent, haben jetzt endlich auch Spaß an der Arbeit. So, jetzt wird erst mal in aller Ruhe gemischt. Die Sonne geht gleich unter, ich fange an zu frösteln. Bin auch mittlerweile die einzige Touristin am Strand. Aber ich möchte doch noch das Ende der Fahnenstange erleben. Nach über zwei Stunden konzentrierter Arbeit steht sie dann. An dieser anspruchsvollen Aufgabe waren vor Ort ganze acht Leute beteiligt. Wie viele Personen in Planungsbüros und im örtlichen Baustab mitgewirkt haben, weiß ich nicht.

Mir kommen Zweifel am achten Weltwunder Dubai. Ist das eine Fata Morgana, Pappmaché oder sonst was für ein großer Irrtum? Mit dieser Arbeitsweise? Obwohl, die Pharaonen haben es ja auch geschafft, mit viel Zeit und vielen Arbeitskräften.

Mein neunmalkluger Sohn könnte jetzt locker hochrechnen, wie viele Arbeitskräfte und wie viel Zeit zum Beispiel für die Montage der Hubschrauberlandeplattform am berühmten Burj al Arab gebraucht wurden. Macht der gerne.

Als ich mit Lutz in Frankfurt seine Wohnung ausräumen musste, weil der Herr Sohn das nicht geschafft hatte, musste ich auch seinen Wohnungsschlüssel an mich nehmen. Wir wühlten uns durch sein Chaos, aber was solls, macht man doch gerne für das liebe Kind. Abends war der Schlüssel weg.

Tilo hat das in seinem Blogg so beschrieben: „… Vielleicht hat meine Mutter meinen Wohnungsschlüssel aus Wut verloren. Da er nur zirka vier Stunden vorher in ihren Besitz übergegangen ist, hatte sie einen Verbrauch von 0,25 Schlüsseln pro Stunde. Angenommen dieser sei konstant, müsste man einem Menschen mit solch einem Schlüsselverbrauch von einer herkömmlichen Wohnungstür eher abraten. Ich denke hierbei an Sprach-, Netzhaut- oder Fingerscan, oder vielleicht sogar einen Kletterzugang …"

Na schön, nun wissen ja alle, was bei uns so los ist.

Fahrradtour mit Freunden

Endlich haben wir einen Termin gefunden für unsere gemeinsame Tour. Irgendwie haben wir alle keine Zeit mehr, warum auch immer. Schon früh um acht Uhr fahren wir mit dem Zug weit weg, weg von Cottbus, um dann zwei Tage lang wieder nach Hause zu radeln. Was diesmal ganz gut ist, denn in Cottbus regnet es und wir fahren dem Regen davon.

Am Aussteige-Bahnhof machen wir schon nach 600 gefahrenen Metern die erste Pause. Wir haben Angsthunger! Oft genug erlebt man auf solchen Touren, dass es unterwegs keine geeigneten Versorgungs-Stützpunkte gibt. Nichts ist schlimmer als Hunger und Durst, höchstens Regen und Gegenwind. Aber das sind Naturwidrigkeiten, kann keiner für. Aber Hunger und Durst machen schlechte Laune, weil man ja auch irgendwie selber schuld ist.

Wir suchen einen Bäcker in der angeradelten Kleinstadt. Dann finden wir gleich zwei. Also alle erst mal rein zum linken Bäcker. Der weist Versorgungmängel auf, meinen zwei Imbiss-Hungrige und wir beschauen uns auf der anderen Straßenseite das Angebot. Wir sind zufrieden und wollen bleiben. Währenddessen hat aber unser Reiseleiter schon beim linken Bäcker bestellt. Der erste Konflikt bahnt sich an. Unsere Nerven sind noch frisch und wir geben nach.

Wohlgestärkt können wir nun unsere Tour nach einer Stunde Pause beginnen. Es ist jetzt bereits elf Uhr, der halbe Tag rum.

Wir radeln vergnügt durch üppig-grüne Landschaft und freuen uns des Lebens. Es wird geplaudert, geschaut und gewartet …

Ja, vor so einer Tour muss man sich nicht fürchten, denn es gibt viele Pausen. Mal muss jemand die Jacke wechseln, mal pinkeln, mal die Sonnenbrille rausholen, mal klingelt ein Handy, mal muss ein Schnappschuss gemacht werden … irgendwas ist immer. Ohne ein gewisses Maß an Arschruhe braucht man gar nicht erst mitmachen.

Wenn ich an die morgendliche Hetzerei denke, dann ist das Umschalten auf Dauerwarten nicht ganz einfach. Ich sollte das als Art Therapie sehen, Übung in Gleichmut und Gelassenheit.

Eine Fahrradtour mit Freunden ist etwas sehr Schönes, man hat Erlebnisse und Probleme, die man alleine nicht gehabt hätte.

Wenn die Landschaft nicht genug Sehenswertes hergibt oder Gänsereihe angesagt ist, schaut man beim Gruppenradeln meist auf das Hinterrad des Vordermannes. Mein Vordermann ist ein echter Mann und trägt eine weißblaue schicke Radlerhose. Ich schaue und schaue und dann stutze ich, trägt der ’nen String oder was ist das? Nö, der bestimmt nicht! Im selben Moment fällt mir ein, Radsportler tragen nichts unter ihrer Radlerhose.

Bei einer weiteren Pause kommt dieser Sachverhalt zur Sprache, denn allen Frauen, außer der Ehefrau des Betreffenden, war die Transparenz aufgefallen. Das muss ihm einer sagen, meint eine besonders gutmeinende Frau, was sie dann auch tut. Nur blöd, dass er gar nichts tun kann, außer schämen und hilflos an seinem sportlich kurzen Shirt zuppeln, es reicht nicht über den transparenten Hintern.

Nun ist es im wahrsten Sinne des Wortes mit seiner Arschruhe vorbei. Da wir uns aber bereits im zweiten Drittel der Rücktour befinden, wird tapfer fertiggeradelt. Nur öffentliche Gaststätten werden jetzt vermieden und der Radsportler fährt ganz hinten.

Hühnergeschichte

Unser Vater war bis ins hohe Alter von 80 Jahren noch aktiver Jäger, hatte einen guten Jagdhund, fuhr zwei Autos, bestellte den Garten und zog Kaninchen und Hühner auf. All das war sein Leben.

Im Alter von 85 Jahren hatte er nur noch seinen altersschwachen, schwerhörigen Hund und drei Hühner. Nicht nur der Hund, auch der Vater wurde altersschwach und meine Mutter war der Meinung, er schaffe die Tierversorgung nicht mehr so, wie es sich gehört. Die Kaninchen waren schon abgeschafft und sie wollte auch keine Hühner mehr. Sie ist grundsätzlich gutherzig, weiß aber, wo ihre und ihres Mannes Grenzen sind.

Als er wieder für zwei Wochen ins Krankenhaus muss, muss sie sich nun auch noch um die Hühner kümmern, was eine große Belastung für ihre kaputten Knie bedeutet. Mit den Hühnern wohnen neuerdings auch Schwalben im Hühnerstall. Als sie abends den Stall zumachen geht, sieht sie, wie die Schwalben noch draußen rumflattern. Wenn sie jetzt zu macht, kommen die nicht mehr rein zu ihren Jungen. Was soll sie tun? Sie entscheidet sich, die Luke einen Spalt weit offen zu lassen für die Schwälbchen. In dieser Nacht entscheidet sich der Fuchs, das beste der drei Hühner, die gute Legehenne, zu holen.

Dieser Vorfall ist dann ewiges Thema am Küchentisch. Kaum ist der Mann mal weg, geht die beste Legehenne flöten. Der Mann will neue Hühner, die Frau ist dagegen, gibt aber wegen latenter Schuldgefühle und um dem täglichen Genörgle ein Ende zu machen, doch zerknirscht nach. Die kluge Frau weiß, Hühner sind teuer in Futter und Anschaffung, Kaufhallen-Eier im Gegensatz dazu billig und jederzeit zu haben. Das geht aber gegen die Ehre eines Haus-, Hof- und Gartenbesitzers.

Als dann endlich der Geflügeltruck im Dorf einfährt, ist die Auswahl am Ende der Tour mager. Nur noch zwei Junghühner sind zu haben, ein braunes und ein silbernes. Der Vater ist trotzdem zufrieden und bringt mit stiller Freude schnell die neuen Hofbewohner heim. Die Mutter mosert immer noch, aber nun sind sie da, und der Vater hat endlich wieder eine Aufgabe.

Nach einem halben Jahr sind die beiden legebereit und unterwürfig. Sie schmeißen sich vor einem ins Gras und spreizen unanständig ihre Flügel auseinander. Und weil die Mutter selbst schon beinahe über die unterwürfigen Hühner gestolpert wäre, wird der Anschaffung eines Hahnes zerknirscht zugestimmt.

Was dann da auf dem Hof aufmarschiert, ist ein Bild von einem Gockel. Buntes dichtes Gefieder, aufrechter stolzer Gang, eine glockenklare Stimme. Nicht lange und er erfüllt all seine Aufgaben auf das Vorbildlichste. Nun regt sich im Vater das Bedürfnis, dem Hahn einen ordentlichen, sprich größeren Hofstaat beizugeben. Vier Hennen sind ein bisschen unwürdig für so einen tollen Hahn. Und die beiden alten Hennen fangen auch an, zu schwächeln. Die eine hat sich nie wieder richtig von ihrer Zementvergiftung erholt. Den Zement hatte sie versehentlich aus hühnereigener Fressgier geschluckt und war fast daran zugrunde gegangen. Der Vater stopfte ihr daraufhin liebevoll Speck und Leinöl in den Schnabel und hat ihr so das Leben gerettet.

Überhaupt sind die Hühner seine letzte wirkliche Beschäftigung und Freude. Stundenlang sitzt er auf der Gartenbank und schaut ihnen zu. Er baut ihnen seltsame Gestelle und präsentiert das Futter immer wieder in neuen kreativen Einfällen. Grünkohlrispen werden in die Erde gesteckt und sehen aus wie kranke Palmen, die Sonnenblumen kommen in Ziegelsteinlöcher, die Ruhestelle bekommt ein Grasstengel-Dach.

Im Winter wollte mein Vater von seinem schwarzen Basecap auf Russen-Schapka wechseln. Weil ihn seine Hühner mit der anderen Mütze nicht erkannten und erschreckt davonstoben, fror er lieber und blieb bei der alten Mütze. Als es den ersten Schnee gab, wollten sie nicht raus ins weiße Ungewiss. So etwas hatten sie in ihrem kurzen Hühnerleben noch nicht gesehen. Er musste ihnen gut zureden und den fremden Schnee schmackhaft machen. Ja Hühner sind eben auch sehr sensibel. Und wir sehen ein, Hühner müssen für den Vater sein.

Ein halbes Jahr später fährt wieder der Geflügeltruck ins Dorf und zwei neue Junghühner werden gekauft. Der Händler verspricht sofortige Legebereitschaft. Gott sei Dank, sonst gäbe es wieder neuen Ärger im Haus. Vater und Tochter hatten diesen Deal heimlich und ohne Absprache mit der Mutter ausgemacht.

Neue Hühner werden von den alten oft erst mal schlecht behandelt und behackt. Voller Sorge läuft die Tochter zum Hühnerstall. Der alte Hofstaat pickt gerade am anderen Ende des Gartens auf dem Kompost und hat die Neuankömmlinge noch gar nicht bemerkt. Die sind auch nicht zu sehen. Erst bei Änderung des Blickwinkels sieht sie zwei dünne Hühnerhälse blöde aus der Stallluke schauen. Jetzt versteht sie auch, woher der Begriff „blöde Hühner" kommt.

Mein Lebensgarten

Es ist Spätsommer im Oktober. Ich habe mir den Nachmittag freigenommen, um noch mal eine tolle Fahrradtour zu machen. Aber ich bin so müde! Noch ein bisschen ausruhen, denk ich, und setze mich in den gemütlichen Gartenstuhl. Die Müdigkeit hat mich voll im Griff, ich bin schlapp. Jetzt einfach hier sitzen bleiben und nichts tun, das wäre schön. Aber ich habe mir ja extra fürs Radfahren frei genommen und das Wetter soll morgen wieder umschlagen.

Schon wieder kommt die angeborene Unzufriedenheit hoch. Aber die Müdigkeit ist stärker als alle guten Vorsätze.

Gerade habe ich ein neues Ratgeberbuch gelesen, das mir erzählte, dass alle anderen Ratgeberbücher mich nur unter Druck setzen wollen und ich doch einfach auch mit meinen angeblichen Fehlleistungen zufrieden sein soll.

Mein Blick schweift durch den Garten und ich erkenne zum ersten Mal, wie ähnlich er mir ist.

Er ist eigentlich ganz schön, strahlt Gemütlichkeit und Natürlichkeit aus, ist aber unstrukturiert, stellenweise verwildert, ein bisschen unordentlich … also so wie ich.

Wieder gibt es nicht genug Blumen. Die vielen gekauften Pflanzen mickern vor sich hin oder sind inzwischen ganz verschwunden. Nur wenige Exemplare haben den heißen Sommer und den harten Gießstrahl meines Mannes überstanden. Aber andere Pflanzen haben sich breit gemacht, die ich so nicht auf dem Plan hatte und so nicht unbedingt wollte. Es gibt massenweise Apfelminze und der Rucola hat es auch wieder geschafft, dank unordentlicher Jäterei meinerseits. Als mein Mann mal die Beetpflege übernommen hatte, gab es keinen spontanen Pflanzenwuchs und keinen Rucola, nur schöne freie Erdflächen, die sich schnell wieder mit Unkraut füllten. Er versteht noch weniger vom Gärtnern als ich, kennt nur Erdbeeren, Äpfel und Rosen, und mag es gern ordentlich und strukturiert.

Seinen Rasen hat er meist gut in Schuss, auch dank der von mir anfangs gehassten eingebauten Bewässerungsanlage.

Ich mag diese Abhängigkeiten nicht. Montag, Mittwoch und Freitag wird in der Nacht bewässert, wenn alles gut läuft. Dann ist der Garten früh klatschnass, wenn ich meine Kräuter für die Suppenbar ernten will. Wenn man die Stromzufuhr unterbricht, was mir ab und zu passiert ist, weil ich den Schalter mit dem danebenliegenden Schalter für die Außenbeleuchtung verwechselt habe, dann kommt das ganze System durcheinander und es bewässert spontan.

Eines Tages sitze ich mit meinem Buch auf der Kippliege, als ein beginnendes Rauschen mir das Einsetzten der Beregnungsanlage ankündigt. Weil dies aber nicht sein durfte zu dieser Zeit, ich bockig zögerte und aus meinem Kippstuhl nicht so schnell hochkam, wurde ich von vier Seiten bestrahlt. Ich konnte nicht mehr trocken davonkommen.

Aber im vorigen heißen Sommer und auch in diesem konnte ich die Vorzüge der Anlage dann doch anerkennen. Überall ringsum bei den Nachbarn sah ich verdorrten harten Gartenboden, nur unser Rasen war saftig weich und grün.

Das merkten dann auch die Maulwürfe im Umkreis von einem Kilometer und wühlten sich so richtig bei uns ein. Der Rasen sah aus wie ein Schlachtfeld. Keiner der vielen Ratschläge zur Bekämpfung half. Wir baten dann sogar den berühmtesten Maulwurfjäger der Gemeinde zu uns. Eine Woche Fallenbauen und lauern half nichts, erst der Herbst vertrieb die buddelnden Tiere. Ich habe meinen Mann selten so verzweifelt gesehen.

Inzwischen ist der Rasen repariert und sieht wieder ganz gut aus. Nur an manchen Stellen gibt der Boden noch nach.

So schlecht habe ich das gar nicht gemacht mit meinem Garten. Die Wildpflaume im hinteren Teil ist groß geworden und verdeckt so das unschöne alte Grau vom Nachbarhaus. Der Kirschbaum, den ich vor zehn Jahren im Aldi gekauft habe, ist wunderschön geworden. Und etwas ganz Besonderes ist unsere Birke. Sie ist mein Lieblingsbaum und Erinnerung an mein abgebaggertes Dorf Horno und meinen Bruder, der sie dort ausgebuddelt und hier eingepflanzt hat. Damals wusste ich nicht, dass sie ein Starkzehrer ist und nicht unbedingt in einen kleinen Garten gehört. Aber wenn ich mir etwas in den Kopf gesetzt habe, dann mache ich das.

In den ersten Jahren blühte und wuchs es üppig und bunt in meinem Garten. Die Wildblumenwiese in der Mitte des Bauerngartens war eine Augenweide. Aber im Laufe der Jahre haben sich Pflanzen dort breit gemacht, die anderen keine Chance mehr lassen. Jahr für Jahr säe ich die verschiedensten Wildblumenmischungen ein, aber es wird nicht mehr wie es mal war. Nun macht sich Goldregen breit und Topinambur. Die Vergissmeinnicht samen sich überall aus, was mir sehr gut gefällt. Nicht sehr ordentlich, aber bunt und üppig.

Im Frühjahr leuchten Narzissen, Tulpen und Hyazinthen. Und es gibt reichlich Stiefmütterchen.

Nun wo ich weiter meinen Garten mit mir vergleiche, fällt mir ein, ein bisschen mehr Düngen wäre wohl hilfreich gewesen. Wenigstens für den Rhabarber und die Beete mit den Neupflanzungen. Und auch mir selbst sollte ich mehr gute Dinge zufließen lassen. Mich um mich kümmern, hegen und pflegen. Vielleicht Sport, mehr Wasser trinken, ruhiger leben, für guten

Schlaf sorgen … Auch ich sehe nicht mehr so saftig aus. Und in meinem Gesicht wachsen jetzt auch Sachen, die da nicht hingehören.

Eigentlich habe ich alles im Garten gepflanzt was mir wichtig war. Nicht alles hatte Bestand oder wuchs gut, aber es ist da. Der Schneeball zum Beispiel, wenn auch jetzt mit kleinen Blütenbällen. Die zwei Forsythien erfreuen mich im Frühjahr, obwohl sie schon etwas alt und verwachsen sind. Ich habe dann mal mutig selbst Hand angelegt und verschnitten, danach hatte ich anstatt eines großen verwachsenen Strauchs einen kleinen verstümmelten. Das Stachelbeerbäumchen habe ich ebenfalls kräftig gestutzt und es schlug dann um so kräftiger aus. Mein Mann kriegt schon Angst, wenn er mich mit der Schere in der Hand sieht. Ich weiß nicht, woher ich den Mut dazu nehme, ich bin doch sonst ganz ängstlich mit Veränderungen.

Als ich wieder mal emsig am schnippeln war, schmiss ich die Schere nach getaner Arbeit lässig auf die Liege, warum weiß ich nicht. Mein Mann beobachtete das argwöhnisch von seinem Terrassenthron und ermahnte mich zu mehr Sorgfalt, da kann ja bei was kaputtgehen.

Ich fühlte mich wieder nur gegängelt. Obwohl, die Schere hatte doch einen kleinen Piecks hinterlassen. Nachmittags habe ich das vergessen und lege mich auf die Liege. Ohne Unterlage, es ist wieder heiß. Irgendwie komme ich dann nicht so gut hoch und muss mich mit dem Hintern richtig hochdrücken. Dann macht es ritsch und ein langer Schlaatz zeigt mir, dass ich heute etwas falsch gemacht und mein Mann recht behalten hatte. Obendrein kommt noch Besuch und ich kann die Untat nicht mehr verschleiern. Mein Mann sieht aber großzügig darüber hinweg und macht mir keine Vorwürfe. Als er mal meine Pflanzen totgegossen hatte, da hatte ich mächtig rumgezwitschert. Wieder kann ich von meinem Garten lernen.

Ja, manches wächst und gelingt gut, manches nicht so gut. Wie im wahren Leben.

Das als einfache Bauernpflaume gekaufte Bäumchen trägt nicht Bauernpflaumen, sondern Riesenpflaumen, die fast alle abfallen und meist madig sind. Auch die Weinrebe schien anfangs ein Fehlkauf. Die Trauben waren klein und rot und schmeckten nicht besonders. Aber jetzt mag ich sie und sie wachsen üppig.

Auch Rosmarin und Salbei gedeihen prächtig. Mit Estragon, Rucola, Lorbeer und Liebstöckel habe ich alles, was ich an Kräutern brauche.

Eine besondere Augenweide ist der große Lavendelstrauch. Als die Oma aus Berlin mal zu Besuch kam, saß sie den ganzen Tag auf ihrem Stuhl und schaute den Bienen zu, wie sie von Blüte zu Blüte flogen und darauf wippten. Das reichte ihr, da war sie glücklich.

Meine Freundin ist langsam bei der Gartenarbeit und bei allem anderen auch, aber achtsam. Deshalb steht das Unkraut in ihrem Garten oft einen halben Meter hoch. Wenn sie einen Korb voll hatte, waren es bei mir vier. Ich kann viel und schnell Unkraut entfernen. Das ist dann nicht penibel sauber, aber effektiv. Jeder soll machen, was er gut kann.

Weil ich Pflanzen immer wieder umsetzte, prägte mein Mann mal den Begriff der Lubigschen Wanderpflanzen. Ich kann mich eben schlecht festlegen oder reagiere auf veränderte Umstände mit Veränderung. Und dazu stehe ich jetzt mal.

Als Sichtschutz zu unseren Nachbarn habe ich einen wilden Wein gepflanzt. Im Spätsommer krauchen die Ranken über die Terrasse, den Kamin, das Gartenhäuschen, die Wände entlang und hängen in Fetzen vom Dachgebälk.

Das hat etwas wildromantisches, wie aus englischen Filmen. Wir lassen ihn wuchern, obwohl die Saugnäpfe hässliche Spuren an der weißen Wand hinterlassen. Ende Oktober färbt sich alles in den schönsten Gelb-Rot-Tönen und das ist für mich ein tröstlicher Geburtstagsgruß. Ich war immer traurig, weil zu meinem Geburtstag Anfang November nichts mehr blühte und alles grau wurde. Nun habe ich meinen Frieden damit gemacht. Der Herbst ist wunderschön. Ich liebe die warmen Farben, die einziehende Ruhe und die Melancholie.

An diesem schönen Sommertag im Oktober bin ich nicht mehr Fahrrad gefahren. Ich habe von meinem Garten Zufriedenheit gelernt und den Augenblick zu genießen. Es muss nicht immer alles perfekt sein. Wo etwas verschwindet kommt was anderes, neues. Leben ist Veränderung.

Und dann hatte ich endlich wieder Lust, eine Geschichte zu schreiben, von mir und meinem Garten.

Hiddensee

Ich sitze in der Küche meiner Unterkunft und esse Kekse. Die Sonne scheint mir ins Gesicht und alles ist gut! Draußen wiegen sich die Birken im Wind. Und weil sie meine Lieblingsbäume sind und direkt vor dem Haus stehen, fühle ich mich gleich wohl hier. Auch das Gärtchen gegenüber mit dem kleinen blau-weißen Zäunchen ist einfach hübsch und heimelig. Darüber, zwischen zwei Birken aufgehangen, eine schlafende Nixe in Blau. Und über mir ein Reetdach, so wie man es sich wünscht auf Hiddensee, der Insel der Sehnsucht nach Ruhe, Natur, Erkenntnis und inneren Frieden.

Mein neuer Ort heißt Neuendorf und hat fast etwas Unreales. Eine riesige Graslandschaft mit Häusern, reingesetzt wie hingekleckst. Keine Wege oder gar Straßen führen zu ihnen, kein Zaun schützt sie vor Fremden. Es gibt auch keinen festen Weg zum Strand. Ich höre die Ostsee schon dröhnen, aber ich sehe sie nicht. Ein breiter Grünzeuggürtel voller Heckenrosen versperrt mir den Weg. Ich fühle mich wie bei Dornröschen, ich komme nicht durch. Ungeduldig muss ich weiter durchs Gras stapfen, bis ich endlich einen Zugang finde. Jetzt noch schnell die Düne ersteigen und dann sehe ich es, das tobende Meer. Gierig genieße ich diesen ersten Ostseeblick.

Ich bin hier zu einem Schreibkurs, den Corona von April auf Oktober verschoben hat. Wir sind nur noch drei Teilnehmer, weil der Rest auch von Corona am Reisen gehindert wird.

Wie immer entlockt mir unsere Kursleiterin Kristine von Soden Worte und Texte, die sonst nicht freiwillig aus mir herausgeflossen wären. Wir reimen auf die Leber vom Hecht, beschreiben Personen, den Morgen, die Geräusche des Dorfes, Schlüssel-Erlebnisse, reden über Literatur und uns selber. Es macht Spaß, der eigene Horizont wird weiter.

Unsere Vermieterin Susanne sehe ich nur kurz, denn sie will selbst verreisen. Es scheint mir, als kenne ich sie irgendwoher. Später stellt es sich als Seelenverwandtschaft heraus.

Stück für Stück komme ich hier und bei mir an. Zum Ankommen gehört für mich auch, einen Blumenstrauß aus der Natur zu pflücken, im Dorfladen einzukaufen, mein Zimmer umzugestalten und mich mit schönen Dingen zu umgeben, hier eine Decke, dort ein Deckchen – und ein nettes Kneipchen finden und die hiesige Kost zu probieren.

Dass mit der Kneipe klappt gleich am Anreisetag, weil wir abends in der „Boje“ für die Gruppe reserviert hatten. So lernt man sich gleich ein bisschen kennen. Die Karte verspricht Gaumenfreuden. Wir entscheiden uns alle für die Fischsuppe. An den Nebentischen werden große Teller mit ganzen Fischen drauf serviert, Scholle gefüllt mit Gurkenragout, dazu Kartoffeln. Das lockt mich, ist mir aber heute Abend zu üppig.

Die Scholle geht mir tags darauf nicht mehr aus dem Kopf. Es ist Sonntag und da gehört was Ordentliches auf den Tisch. Also pilgere ich noch mal in die „Boje“. Ich muss mich an einen kleinen Tisch neben dem Tresen quetschen. Mehr Platz steht mir als Alleinesser nicht zu. Als die Kellnerin kommt, bestelle ich, ohne auf die Karte zu schauen, die mit Gurkenragout gefüllte Scholle.

Die Kellnerin sagt „Häh? Ham wa nich.“

Ich: „Häh? Stand doch gestern Abend noch auf der Karte?“

„Das war Tagesangebot, gibts heut nich. Sammeln sie sich erstmal, dann komm ich noch mal wieder.“

Aha, das ist ja mal ’ne Ansage. Fast ein bisschen frech, aber am Vorabend war sie nett. Der Job ist hart und macht pragmatisch.

Ich esse unpikiert die Scholle nun ohne Gurkenragout und trinke Weißwein dazu. Beides ist köstlich. Nach dem Essen schnüre ich mein Ränzlein und laufe durch die Kleckse-Landschaft ans Meer. Der Wind kann mich nicht umwerfen. Auf dem Rücken schleppe ich noch meinen Einkauf vom Vormittag: einen Sack Kartoffeln, Quark, und Leinöl. Vorn im Bauch schwimmt die Scholle fröhlich im Weißwein. Alles ist gut!

Mitte der Woche gibt es einen freien Tag. Ich fahre mit dem Inselbus nach Kloster, um ein kleinbisschen Tourismus zu schnuppern. Weil ich mich nicht auskenne, lande ich an der Endhaltestelle im Nirgendwo. Was nun? Die Straße weiter und in großem Bogen zum Leuchtturm? Zurück wäre es auch ein ganzes Stück. Auf Wandertag bin ich nicht eingestellt, ich will Läden und Sehenswürdigkeiten. Dann stapfe ich ein paar bunten Menschenpunkten hinterher, die einen kleinen Trampelpfad in Richtung Dornbusch gehen.

Nachdem ich ein Weilchen mit mir und meiner Einsamkeit gehadert habe, erschließt sich mir eine wunderschöne Landschaft!

Die Menschenpunkte sind verschwunden, weit und breit niemand und kein richtiger Weg. Nun bin ich wirklich ganz allein, aber glücklich. Ich freue mich des Lebens, genieße meine Freiheit, meinen Mut und meine guten Gedanken.

Die Schreibwoche auf Hiddensee geht zu Ende und die anderen sind schon abgereist. Auch ich bin bereit, weiterzuziehen. Rügen lockt mich oder der Darß, alles kann, nichts muss. Aber ich zögere noch. Heute soll Susanne wieder heimkommen und irgendetwas in mir sagt, ich will sie noch mehr kennenlernen.

Nun sitze ich allein in unserem Schreibraum und bin gerade am Überlegen, wohin soll denn die Reise geh'n, als eine junge Frau den Raum durch die Hintertür betritt und nach Susanne fragt. Wir kommen ins Gespräch. Sie heißt Sigrid und ist die Leiterin des neuen Kurses, der die kommende Woche das Haus füllen wird. Es geht um Körperhaltung und Beckenstabilisierung, mehr verstehe ich nicht.

Ich halte inne. Heute Morgen fühlte ich mich steif und verspannt und sinnierte, da musst du mal was machen. War das Zufall, eine Chance? Ein Platz wäre noch frei, meint Sigrid. Ich habe auch frei, sagt mein Verstand. Mein Herz sagt, ich habe Lust dazu. Mein Verstand sagt, das kannst du dir nicht leisten. Ich bekomme Bedenkzeit. Als mein Verstand meint, den Kurs kannst du dir ja zum 60. Geburtstag schenken, sind wir uns alle einig und Marion geht in die nächste Phase ihres Aufbruchs zu neuen Ufern. Nach dem Geist bekommt jetzt auch der Körper Zuwendung. Besser gehts doch nicht!

Wie ich den aufrechten Gang lernte

Nun geht es also weiter auf Hiddensee. Ich freue mich auf die neuen Menschen, die ich bald kennenlernen darf. Und Susanne macht auch mit.

Als Erste begegnet mir Heike, ein zierliches Persönchen mit Wuschelkopf. Sie ist mir sofort sympathisch. Es rührt mich, wie sie mit dem steifen Bein durchs Gras stakst oder wie sie sich am Strand nach Steinen bückt. Sie wirkt unbeschwert wie ein kleines Kind, ganz bei sich. Dabei sie ist stark, das sehe ich später.

Und da sind noch Ulrike und Martina, die Potsdamer Heilkräuterfrauen. Die beiden sind ständig fröhlich am Agieren und Gute-Laune-verbreiten. Immer auf der Suche nach Kräutern, erschnüffelt Martina beim Abendspaziergang einen besonders würzigen Geruch. Sie steckt ihre Nase ins Gesträuch, um ihn zu orten, doch plötzliche Grunzlaute bekunden, hier hat das Wildschwein die Nase vorn.

Die scheuen Waldtiere sind auf der Insel heimisch geworden und machen hier auf dem flachen Land, das, was sie sonst im Wald tun, den Boden umwühlen. Da nicht genug Wald da ist, grubbern sie das Dorf um und erschrecken die Urlauber. Die Angst und die Mystik um die gefährlichen Tiere erhöhen schon wieder ein bisschen die Spannung. Es gibt ja nicht viel Unterhaltung hier. Wie die Tiere das sehen, wissen wir nicht. Fressen ist Lebenserhalt und wir haben genug, um abzugeben.

Apropos Essen, darum müssen wir uns selbst kümmern. Aber wir haben Glück, denn Mandy ist da. Von Hause her gewohnt, täglich vier Mahlzeiten auf den Tisch zu bringen, kümmert sie sich auch um unsere Versorgung.

Vera und Tina aus Berlin, unsere beiden Jüngsten, bilden eine eigene Essengruppe. Sie sind ständig am Kochen und Salatschnippeln. Aber nicht nur das, es wird sogar köstliches Brot und leckerer Kuchen gebacken. Wir Älteren stehen drum herum und staunen. Um die neue Generation brauchen wir uns also nicht zu sorgen, sie ist selbstbewusst, selbstbestimmt und präsent.

Es ist spannend so eine Frauengruppe zu erleben und alle ein Stück weit kennenzulernen. Ich kann jetzt schon sagen, dass es beglückend ist.

Karin, die jeden Tag kilometerweite Wanderungen mit ihrem Hund unternimmt, ist so ganz anders ist als ich. Sie ruht in sich und hat eine spirituelle Aura. Ich bin beeindruckt, wie sie sich körperlich ausdrückt und intensiv Selbstfürsorge betreibt.

Kerstin kommt zwei Tage später an und braust wie ein frischer Wind in unsere Runde. Ich mag lebendige Menschen wie sie einer ist. Sie geht mit ganz viel positiver Energie die Dinge an, kümmert sich intensiv um alle und alles. Aber wenn sie neben mir auf der Matte sitzt, wirkt sie zart und zerbrechlich.

Nicht so ihre Freundin Sabine. Die ist eine Bastion, dachte ich zumindest, still, aber zugewandt und aufmerksam. Aber auch diese Bastion hatte schon Einschläge zu verkraften. Sie war es, die mich mit einem Nebensatz zum Weiterschreiben animierte. Es passieren Wunder, wenn jemand an dich glaubt!

In der hiesigen kleinen Dorfkirche üben wir den aufrechten Gang oder besser die Grundlagen dafür. Sigrid macht Vorschläge auf dem Weg dorthin, einige von uns plagen sich mit Rückschlägen. Es ist immer wieder faszinierend, Menschen mit Visionen zu erleben. Sigrid verzaubert nicht nur mit ihrem strahlenden Lächeln. Sie möchte Menschen heilen, ihnen Standfestigkeit lehren, damit wir verstehen, wir haben nur diesen einen Körper und wir machen ihn aus Gewohnheit und Unwissenheit kaputt. Der Übeltäter ist, wie so oft, der Kopf.

Am letzten Tag wandere ich am Strand entlang und übe den aufrechten, hüftgesunden Gang. Die Hände in den Taschen piekse ich abwechselnd in die rechte, dann in die linke Leiste, um in den richtigen Rhythmus zu kommen. Ich glaube ich hab's jetzt. Im Sonnenschatten kontrolliere ich meinen Fortschritt. Dann ist plötzlich Bildstörung. Eine Wolke hat sich vor die Sonne geschoben.

Ich habe viel gelernt in dieser Woche, über mich und andere. Es passieren auch Wunder, wenn man sich öffnet. Die

Abschlussrunde ist erst Herausforderung, dann aber eine göttliche Salbung. Ich bekomme so konzentriert wie noch nie die Wertschätzung von elf verschiedenen Frauen, die ich fünf Tage zuvor noch gar nicht kannte. Sie haben mich in diesen Tagen erlebt im Hier und Jetzt, in all meiner Präsenz und in meiner Verletzlichkeit. Das ist so beglückend.

Am Abend vorher hatte ich aus meinen Suppengeschichten vorgelesen. Es wurde ein wundervoller Abend und ich war zufrieden und stolz. Ich wusste nun, ich hatte ein Büchlein geschrieben, dass Menschen anrühren konnte und dass sie an Dinge erinnerte, die uns alle verbindet: Familie, Natur, Essen, Heimatliebe … an zu Hause.

Mein Gang ist aufrechter geworden in den letzten Tagen, mein Brustkorb weiter, mein Gemüt sonniger. Hiddensee ist eine Zauberinsel, die Erwartungen erfüllen kann, wenn man sie lässt. Susanne wusste das.

Auf Abwegen durchs Gelände

Ich bin mit dem Fahrrad auf dem Weg von Forst nach Cottbus. Eigentlich wollte ich schon lange einmal nach Jänschwalde mit dem Rad. Freunde meinten, da gibt es noch einen Weg hinterm Tagebaugelände. Ich fackle nicht lange und frage Google. Tatsächlich schlägt man mir einen Weg vor. Ab gehts durch den Wald.

Ich soll jetzt nach links abbiegen, weiß aber, mein Ziel liegt geradeaus. Ich hadere mit Google und gebe nach. Der Weg ist so schlecht, dass man hier kaum zu Fuß gehen kann. Die Wurzeln der Bäume haben den alten Asphalt gesprengt und in eine Buckelpiste verwandelt. Das Fahren hier erfordert große Geschicklichkeit und eine gute Federung. Ich male mir schon aus, wie ich den Freunden von ihrem blöden Weg berichten werde.

Jetzt bin ich langsam gespannt, wie mich Google am Tagebau vorbeilotsen will. Links ist die große Straße mit ihren vielen LKW und rechts Wald und Tagebau-Brache.

Irgendwann kommt mir ein einzelner Radfahrer entgegen und nun glaube ich auf dem rechten Weg zu sein. Dann bin ich schon ganz nah am Tagebau und soll geradeaus weiterfahren. Hier stimmt was nicht, aber na gut, wenn Google meint.

Im Niemandsland stoppt mich plötzlich eine Schranke mit roter Warnleuchte. Nach gefühlt langem Warten rauscht ein Kohlezug links geradeaus an mir vorbei. Für den war die Schranke ja wohl nicht. Ich warte und warte, das Ding geht nicht auf. Hier muss ich aber lang, sagt das Gelände und Google. Ich denke an den Film „Warten auf den Bus“. Soll ich hier ein neues Drehbuch schreiben: „Warten auf den Zug“? Ich habe gar kein Schreibzeug mit. Jetzt reicht es mir, ich gehe links vorbei und folge den weiteren Anweisungen. Jetzt höre ich schon die Straße und sehe den großen Parkplatz und fühle mich am Ziel. Doch da sind überall Zäune.

Ende Gelände, ich stehe vor der Einlassschranke des Tagebaus, aber von innen. Der Wachschutz tritt raus, mustert mich düster und ich fange sofort an, alles auf Google zu schieben.

Der doch recht gemütliche Brummbär lässt nach einer strengen Zurechtweisung dann Gnade vor Recht ergehen und entlässt mich in die Freiheit. Er meint dann noch, ja da war mal ein Weg geplant und Google wusste das wohl schon, bloß die Umsetzung fehlt. Mein Einfall in das Betriebsgelände wurde jedenfalls die ganze Zeit über beobachtet. Haben die Drohnen eingesetzt? Ich hatte nichts bemerkt. Egal, jetzt ab in Richtung Heinersbrück und Jänschwalde. Ich bin in romantischer Stimmung, denn diese Orte kenne ich aus Kindheit und Jugend. Auf der B97 vergeht mir die Romantik. Es ist lebensgefährlich. Brummi an Brummi brummt an mir vorbei, dass ich schon fast vom Fahrtwind umgepustet werde. Es gibt keinen Radweg, nicht man einen kleinen Schutzstreifen. Ausweichen ist schwer, weil auch auf der Gegenfahrbahn mächtig gebrummt wird. Zwischen den LKW gibt es ein paar PKW, immer nur ein Mann drin. Auf der Straße riecht es regelrecht nach Testosteron.

Dann erreiche ich endlich Heinersbrück und die Nostalgielampe in meinem Hirn geht an. Das waren Zeiten, als wir hier zum Tanz waren! Mit Freundin Monka haben wir bei der Annemarie-Polka sogar dreifache Umdrehungen geschafft. Aber einmal erwischte sie mich nicht rechtzeitig und wie ein Kreisel sauste ich durch die Stuhlreihen und mähte sie um. Ja, der Pfeffi gibt schon mächtig Speed!

Nach Radewiese spricht Google wieder mit mir und lenkt mich auf eine K-Straße mit vierstelliger Nummer. Je unbedeutender die Straße, desto größer die Zahl und umso tiefer die Walachei. Das hatte ich in der Uckermark auch schon bemerkt.

In Jänschwalde komme ich zuerst am Haus von Förster Müller vorbei. Es ist jetzt eine Western-Ranch, wie die Fahne auf dem Hof erklärt. Und der kleine Autohandel Dabo ist ein Großbetrieb geworden.

Ich bin stolz auf mich, auf meine Tour. Und hungrig und durstig. Früher wäre das kein Problem, da hatte fast jeder Ort einen Dorfkonsum. Als ich hinterm Dorfteich um die Ecke biege, leuchtet mir ein Schild entgegen: „Dorfladen"

Ich versorge mich mit dem Nötigsten, gönne mir noch ein Eis und gehe hinter zur Museumsscheune. Hierher hatte ich mal zum 60. Geburtstag vom Pfarrer Suppen geliefert und auch ausgeschenkt und später mit dem Pfarrer immer wieder mal angenehm geplaudert. Die Tür vom Museum gegenüber ist offen. Ich nutze die Gelegenheit und mache noch eine Runde durch die Räume. Ich bin angenehm überrascht. Sogar eine Tracht aus Horno ist ausgestellt.

Die Dorfangestellte ist freundlich und wir unterhalten uns angeregt. Dann animiert sie mich, doch einfach mal beim Pfarrer zu klingeln. Er wird nicht mehr lange hier im Amt sein. Und sein Auto ist da, also er auch. Ich schau auf die Uhr, es ist kurz nach drei. Darf man da klingeln oder ist eventuell noch Mittagsruhe? Es ist keiner da, jedenfalls nicht hinterm Klingelknopf.

Nun will ich noch bei meiner Cousine Marlies halten, es ist ja jetzt Kaffeezeit. Es dauert lange, ehe sie rauskommt. Sie sieht müde aus in ihren dunklen Sachen.

„Hast du noch geschlafen?", frage ich besorgt?

„Nein, ich bin gerade von einer Beerdigung gekommen."

Jetzt weiß ich auch, warum der Pfarrer nicht zu Hause war.

Sammelleidenschaft

Es sind Herbstferien und die siebenjährige Anni ist wieder mal in Horno bei Oma und Opa, wo sie aufgewachsen ist. Wir wollen Fahrrad fahren, Fußball spielen, malen, die Uhr lernen und Spiele spielen.

Zuerst ist Fußball dran. Sie legt sich mächtig ins Zeug und will mir ihre neuesten Tricks zeigen. Es dauert nicht lange und der Ball fliegt über das Tor.

Drüben bei Nachbar Rieso steht Enkelsohn Theo am Zaun und begrüßt seine frühere Kumpeline mit einem coolen: „Hallo Anni!"

Wir laden ihn zum Mitspielen ein und schon wird zu dritt weitergeballert. Anni meint, sie will als Beruf mal Fußballerin werden. Ich sage, dass das ein tolles Hobby ist und sie sicher sehr erfolgreich wird, aber ein richtiger Beruf wäre das nicht.

Theo, gerade zurück aus dem Hotelurlaub bei Verwandten, will Hotelier werden und Bauer. Der Junge ist interessiert an der Welt um ihn herum und weiß, was er will. Er ist der typische Dorfjunge, der oft bei Opa auf dem Hof ist und dort alles mitmacht, was anfällt. Sein Opa ist einer der letzten echten Bauern in Horno, hat zwei Pferde, Enten, Gänse, Hühner, Perlhühner und Kaninchen, dazu noch Felder und Wiesen – eine Menge schwerer Arbeit, bei der ihn nun Theo nach Kräften unterstützt.

Nach dem Rumtoben malen wir alle drei noch ein bisschen, danach wollen wir zu einer großen Fahrradtour starten. Theo ist mit Helm und neuem Superrad schon startklar, ich packe noch den Proviantrucksack und los gehts.

Wir wollen erst mal bis Bohrau. An dem kleinen Wäldchen zwischen Sacro und Mulknitz angekommen, schreit Anni schon nach einer Essenpause.

Das Maisfeld neben uns ist zur Hälfte abgeerntet. Theo findet im abgeernteten Teil einen halben Maiskolben und prüft fachmännisch die Körner in der Hand, indem er sie mit einem Finger hin- und herschiebt. Seiner Meinung nach sind sie reif und von bester Qualität. Ich glaube ihm, er ist der Bauer. Dann will Anni auch Mais finden. Ich sage: „Okay, jeder zwei Maiskolben", schon rennen die beiden übers Feld.

Die Kinder geraten in Sammelgier und sind nicht zu bremsen. Ach den noch, der ist so schön und der noch schöner. Mein

Proviantkorb ist jetzt voller Maiskolben und ich dränge zur Weiterfahrt.

Wir kommen bis zum Fahrradweg Forst-Guben, da hat Anni schon wieder Hunger. Bei der Rast finden sie noch schönere Maiskolben. Mein Korb hinten ist überladen und die beiden wollen den Mais schnell nach Hause bringen, um eine Popcornparty zu machen.

Die Fahrradtour wird abgebrochen und wir fahren zurück, um später noch mal mit dem Auto wiederzukommen. Nun ist der schlechte Weg egal, die Kinder sind beseelt.

Wir probieren das mit dem Popcorn, was nicht wirklich klappt. Der Topfdeckel hatte ein kleines Lüftungsloch, das war der Fehler, stellt Theo fest. Aber es riecht lecker nach Popcorn und wir lutschen unseren neu kreierten Karamell-Mais.

Danach geht es noch mal mit dem Auto zum Feld. Dort angekommen, rennen die beiden wieder los. Es gilt so viel wie möglich von dem vergessenen Mais zu bergen, der wird ja sonst untergepflügt, weiß Jungbauer Theo. Und die Haustiere würden sich drüber freuen. Alle Sammelutensilien sind schon voll, aber wir müssen noch zurück übers Feld zum Auto. Nun, wo gerade unser Maiskolben-finde-Auge voll erwacht ist, müssen wir sie liegen lassen. Die Kinder stopfen sich nun noch die Taschen voll und die kleinen Hände schleppen Maiskolben-Trauben.

Als wir gerade alles im Auto verstaut haben, kommt ein Polizeiauto und hält neben uns. Die Polizisten steigen aus und kommen auf uns zu. Kurz vorm Auto biegen sie ab und gehen vorbei in das Wäldchen. Wir waren erstarrt. Ein bisschen Angst hatten wir doch wegen der Beute im Auto.

Zu Hause wird dann dem Opas stolz unsere Ernte kredenzt, der die schönsten Maiskolben rausgesucht und dann wird auch noch ein bisschen mit den Körnern rumgeschossen. Hoffentlich finden die Hühner alle, sonst steht nächstes Jahr ein Maisfeld in unserem Garten.

Das war ein wunderschöner Herbsttag für alle.

Neue Hühnergeschichte

Für die Sicherheit der Hühner gilt höchste Priorität. Die Eingangstür bekommt nun noch einen extra Holzriegel, damit die Hühnchen ja auch sicher sind, vor wem auch immer. Als mein Vater wieder eine Woche im Krankenhaus ist und meine Mutter die Hühner abends zur Ruhe bringen muss, macht sich der Riegel nach dem Zufallen der Tür selbstständig. Meine Mutter ist jetzt sicher mit den Hühnern eingesperrt. Ihr bleibt nur der Weg durch die kleine Luke. Wie sie das geschafft hat mit ihren kaputten Knien und der altersgemäßen Unbeweglichkeit, bleibt mir ein Rätsel. Und ich weiß jetzt, warum sie an diesem Abend nicht ans Telefon ging.

Als ich mal wieder bei den Eltern bin und im Garten arbeite, sehe ich den Vater zu den Hühnern gehen. Alsbald höre ich Tumult im Hühnerstall und mehrfaches lautes: „Hey, hey, hey“. Mein Vater ist öfter laut mit den Tieren, aber nach dem achten „Hey“ werde ich stutzig und kapiere, mit „Hey“ bin wohl ich gemeint. Und schlagartig wird mir klar, die Sicherheitsfalle hat wieder zugeschnappt! Vielleicht war dem Selbsteingesperrten mein Name vor Schreck nicht mehr eingefallen. Na ja, da hat er aber Glück gehabt, dass ich da war und so eine schnelle Auffassungsgabe hatte.

Wir hatten nun also eine braune Hühnerschar und einen tollen braunen Hahn. Nur ein Huhn war silberfarben. Und das wurde von den anderen gemobbt, also ausgegrenzt. Das Silberhuhn war schlanker und schneller als die anderen und ging meist eigene Wege. Während sich der Hahn mit seinem Gefolge mehr in den Büschen rumdrückte, rannte das Silberhuhn am Zaun lang. Und irgendwann wurde es dabei von einem Greifvogel zur Strecke gebracht. Die braunen Artgenossen müssen den Mord beobachtet haben, jedenfalls blieben sie tagelang im Stall und trauten sich nicht mehr raus. Im März gibt es wieder neue Hühner und die Geschichten gehen weiter.

Reise durch die Uckermark

Die Uckermark ist einsam schön. Ich habe mein kleines Auto in ein Cabrio verzaubert und rolle über leere Alleestraßen. Sie sind oft so schmal, dass kein zweites Auto Platz hat. Links und rechts wiegt sich braun-goldenes Getreide wie eine riesige Löwenmähne im Wind. Die Ortschaften wirken einsam und herb. Mal kommt ein tolles Haus, dann ein verfallenes, dann ein normales. Fast jeder Ort hat ein besonderes Gebäude. Wunderschön aus alten Feldsteinen oder roten Ziegeln, mal ist es ein Gutshaus, mal eine imposante Ruine, alle Baustile durcheinander.

Die Straße von Holzdorf nach Woldeck ist ein einziger großer Flickenteppich. Alle Ausbesserungen wurden akkurat ausgeführt, immer in verschieden großen Rechtecken und in allen möglichen Grau- bis Brauntönen. Sie wirkt wie ein langes Band aus Applikationen. Hier war im wahrsten Sinne des Wortes ein Straßenkünstler am Werk.

Als ich gerade im Kopf meine Reiseeindrücke schreibe, befiehlt mir mein Navi, scharf rechts abzubiegen, auf die K7338. Wieder einmal bemerke ich, je bedeutungsloser die Straße, desto höher ist die Zahl. Meinem Navi hat es wohl Spaß gemacht, mich, anders als sonst, eine Abkürzung über einsame Plattenstraßen fahren zu lassen. Ich nehme das Angebot gern an, so bin ich noch näher an der Landschaft dran. Und irgendwann komm ich dann an.

Rittgarten ist ein kleines Dorf im Nirgendwo. Hier wohnt Heike, ein kleines zierliches Persönchen mit Wuschelkopf, die ich bei einem Kurs auf Hiddensee kennengelernt habe. Sie bewohnt allein die alte Schule des Örtchens.

Ihr Grundstück hat etwas Zauberhaftes. Sie residiert hier wie eine kleine Königin.

Die kleine Königin

In einem wunderschönen Land, zwischen Hügeln und Tälern, weiten Feldern und Wäldern, dort, wo sich Fuchs und Hase gute Nacht sagen und im Herbst die Kraniche schreien, liegt ein kleines Dorf. Dort lebt die kleine Königin in ihrem großen Haus. Um das Haus schließt sich ein großer Garten. Ein riesiger Nussbaum und eine große alte Birke stehen im Innenhof und flankieren das Haus wie starke Wächter. Eine Hecke aus Holunder und Flieder sowie ein Feldsteinwall umschließen den hinteren Teil des Gartens. Eine Reihe großer Pappeln umsäumt die andere Seite im Halbrund. Die Einfahrt wird von einer großen Kastanie und einer stattlichen Linde flankiert. Und zwischendrin gibt es überall Steine; als Weg, als Mauer und als kleine Türmchen einfach so angehäuft. Das große Haus hat viele Zimmer, die nur mit dem Nötigsten, aber dafür mit edlen Dingen ausgestattet sind. Geschmackvolle Eichenmöbel dominieren, an den Wänden hängen echte Gemälde, Töpferkunst mischt sich mit Schnitzkunst und feinen Stoffen. Die kleine Königin speist ausschließlich von Bollhagen-Geschirr. Auch Butter, Mehl, Salz und Zucker werden in wunderhübschen blaubunten Dosen aufbewahrt.

Alles ist einfach, aber geschmackvoll eingerichtet; nicht auf leichten Gebrauch angelegt, sondern auf Ästhetik.

Abends steigt sie viele Treppen hinauf, bis ganz nach oben. Dort unterm Dach steht in einem leeren weißen Raum ihr Bett, mit edler dunkelgrüner Bettwäsche bezogen. Morgens schreitet sie die vielen Treppen wieder langsam herab und erfreut sich an ihrem Haus.

Es ist eine kleine, aber kraftvolle Residenz. Sie spiegelt das Wesen der kleinen Königin wider und wurde auch von ihr eigenhändig erschaffen. Denn die kleine Königin macht alles allein. Sie ist diszipliniert und streng zu sich selbst.

Den größten Teil des Tages arbeitet sie außerhalb ihrer Residenz. Sie hilft kranken Menschen ihre Sprache wiederzufinden. Um möglichst vielen zu helfen, gönnt sie sich kaum eine Pause und nur wenig Urlaub. Für den Erhalt ihres Königreiches arbeitet sie sehr hart. Dabei übernimmt sie alle Rollen selbst; ist Handwerker, Gärtner, Koch und Chauffeur.

Obwohl sie viel Wert auf die schönen Dinge um sich herum legt, ist die kleine Königin in der Rolle der Bediensteten einfach in ihren Ansprüchen. So fährt der Chauffeur schon über zwei Jahre ohne Klimaanlage, müht sich der Gärtner mit einer einzigen stumpfen Gartenschere und einem zusammengesteckten Schlauch ohne Brause ab, der Koch verzichtet sie weitgehend auf warme Mahlzeiten und auch als Handwerker müht sie sich mit eigenen Händen und einfachem Gerät.

Aber die kleine Königin klagt nicht und verzagt nicht. Mit glasklarer Stimme singt sie vor sich hin und ist zufrieden in ihrem täglichen Tun.

Ab und zu öffnet sie ihr Refugium für andere Menschen und lädt zu einer Matinee. Denn sie ist auch ein Feingeist und eine gute Gesellschafterin.

Fühlt sie sich mit ihren Gästen wohl, zeigt sie sich mal als Dame, mal als unbeschwertes Kind und benimmt sich auch mal daneben, wie Kinder halt so sind.

Zu viel

Zu viele Gedanken, zu viele Schranken,
zu viel probiert, zu viel geniert,
zu viele Ideen, die nicht gehen,
zu viele Regeln und Erlasse,
zu viel Ebbe in der Kasse,
zu viel verhalten, zu viel verwalten,
zu viel geredet, zu schnell und zu laut,
zu viel auf Sand gebaut,
zu viel besessen, zu viel gegessen,
zu viel geblödelt, zu viel vertrödelt,
zu viele Kompromisse, zu viele Risse.
zu viel „ich soll", zu viel „ich muss",
zu viel Druck zum Schluss.
Es gab zu viel „zu viel".

Dann wollte ich mehr (Meer).

Mehr Meer,
mehr Sand, mehr Strand,
mehr Ferne, mehr Sterne,
mehr Luft, mehr Duft,
Mehr Wahrheit, mehr Klarheit,
mehr frei sein,
mehr ich sein.
Jetzt weiß ich, weniger ist mehr!

Sommer auf Hiddensee

Wieder fahre ich nach Hiddensee. Diesmal komme ich zur Insel-Fee Susanne als Besenelfe. Sie vermietet fünf Ferienwohnungen und bietet Klangschalenmassagen an und ich halte ihr dafür den Rücken frei, helfe still wie eine Elfe in Haus und Garten und genieße das Hiersein.

Obwohl der Ort Neuendorf heißt, wirkt er wie das Ende von etwas. Eine riesige Graslandschaft mit Häusern, die nur draufgesetzt oder hingekleckst sind. Keine Wege oder gar Straßen führen zu ihnen, kein Zaun schützt sie vor Fremden. Und wenn man früh genug aufsteht, sieht man den Fuchs durchs Dorf laufen und ein paar Meter weiter spielen Hasen vor der kleinen Inselkirche. Irgendwann sagen sie sich dann wohl hinterm Dorf „Gute Nacht". Es ist schön hier. Und diesmal erlebe ich den Sommer.

Die bunt-grüne Pracht der Natur wird immer mehr mit bunten Menschenpunkten vermischt. Goethes Ruf lädt sie alle ein: „Hier bin ich Mensch, hier darf ich's sein." Überall blühen und duften Heckenrosen, Rosenstöcke und Stockrosen. Gelbe Königskerzen säumen die Wegränder wie leuchtende Fackeln, auf den Wiesen liegen Heukugeln oder stehen Pferde. Die Bohlen am Strand teilen sich die Möwen neuerdings mit Kormoranen. Die schwarzen Vögel sitzen da mit gespreizten Flügeln und erinnern an Piratenschiffe, bereit auf Beutefang zu gehen. Da wirken die weißen Möwen geradezu unschuldig. Dabei wissen wir, wie aggressiv sie uns das Eis oder das Fischbrötchen im Sturzflug aus der Hand reißen können.

Tagelang war das Ostseewasser klar und warm. Nun mit dem Windwechsel kommen auch die Quallen. Sie wabern uns direkt in den Mund, wenn wir ihn nicht halten. Das Gastmahl des Meeres bittet zu Tisch. Die kleineren Quallen sehen lecker aus, wie zarte Blüten in Aspik, dazu Seegrassalat und ein Muschelstück, das ist Gourmetkultur aus der Natur.

Mein Strandkorb

Ich bin wieder auf Hiddensee bei meiner Freundin Susanne. Sie vermietet fünf Zimmer, einen Gemeinschaftsraum und eine Gemeinschaftsküche an Feriengäste. Ich helfe ihr bei der Gästebetreuung, im Garten und bei den Zimmern und darf umsonst dort wohnen. So ist der Deal und der ist super.

Heute will ich mir endlich einen Strandkorb mieten. Es soll wieder sonnig und warm werden, da brauche ich Schutz. Morgens um halb zehn treffe ich den Strandkorbvermieter, dessen coole Stimme mich neugierig gemacht hat. Hier sind alle schnell beim du und wir wickeln unser Geschäft unkompliziert miteinander ab. Ja, er sieht auch cool aus, langhaarig, sonnenbraun, freundlich.

Dann nehme ich gleich schon mal von meinem neuen Domizil Besitz, obwohl ich eigentlich keine Zeit habe, denn ein neuer Feriengast reist an. Trotzdem, einmal ganz schnell aufschließen, rumschieben, hinsetzten, ausziehen, baden gehen, wieder hinsetzten, anziehen, glücklich sein. Dann Abbruch, die Arbeit ruft und bald bin ich wieder hier.

Im Haus ist es ungewöhnlich ruhig gegen elf Uhr. Die Familien sind fertig abgefrühstückt und nun wahrscheinlich am Strand. Nur der Herr Lück ist da. Ein kleiner Mann mit Rauschebart aus der Schweiz, der hier schon seit Ewigkeiten Urlaub macht. Er wohnt in Basel, direkt an der Autobahn, und will deshalb jedes Jahr für vier Wochen auf die autofreie Insel.

Während ich mir Mittagessen mache, macht er sich sein Frühstück. Ich habe schon was fertig, er steuert Salat und Espresso bei. So machen wir es dann öfter mit dem Herrn Lück; wir teilen unser Essen, welch ein Glück. Und wo Herr Lück ist, ist auch Gespräch. Er ist an Menschen interessiert, redet langsam und bedächtig, die Zeit vergeht. Dann hilft er mir sogar noch beim Saubermachen und ich kann endlich zu meinem Strandkorb.

Als ich dort ankomme hat sich rundherum eine vierköpfige Familie ausgebreitet. Na ja, ich hatte ja nur den Strandkorb gemietet, nicht das Land drum herum. Ein Meter fünfzig frontal vor mir liegen zwei nackte Männer auf dem Rücken mit gespreizten Beinen, damit die Sonne alles bräunt. Ich denke kurz an gekochte Eier. Die beiden sind Helge und Deetlef, Vater und Sohn, wie ich aus dem lauten Geschnatter der Blondine mit osteuropäischem Akzent entnehme, die zu Helge gehört.

Auf Helge klettert sein kleiner Sohn Noah rum. Weiß ich alles von der Blondine. Auch dass sie die Sonnencreme nicht finden kann, in Warnemünde war sie doch noch da. Und das Helge sich nicht gut um sie kümmert, überall geht er allein hin. Er meint, sie solle sich nicht beklagen und nicht so viel rauchen.

Ich setzte meine Sonnenbrille auf, um mich vor der großen Vereinnahmung etwas zu schützen. Dann esse ich meine Kirschen und schieße die Kerne in die Düne. Plötzlich krabbelt Noah zu mir hinterm Strandkorb heran und spielt an meinem Strandkorbbrett. Gut, dass ihn kein Kirschkern traf. Helge meint, die Blondine soll ihn zurückholen. Sie meint, sie kann nichts dafür das der Kleine „die da“ mag. Mit „die da“ war ich gemeint. Noah geht inzwischen von selbst. Vorn geht der Streit weiter. Sie schimpft, weil Noah nach dem Eincremen wieder voller Sand ist und wie ein paniertes Schnitzel aussieht. Zu Deetlef ist die Blonde ausnehmend freundlich, plappert ihn aber auch voll.

Ein paar Wolken ziehen auf und die Familie zieht ab. Sie verabschieden sich jeder einzeln und freundlich von mir, als ob ich zur Familie gehöre. Bei all dem, was ich jetzt weiß, ist es schon irgendwie so.

Als nun endlich Ruhe einkehrt, quengelt meine Blase, dass sie auch nach Hause will. Wenn ich nicht schon müde wäre, würde ich sagen, das war alles ermüdend.

Verse über Hiddensee

Hiddensee du Zauberfee,
du zauberst weg das Seelenweh,
und drückt mich mal das Fernenweh,
fahr ich zurück nach Hiddensee.

Heute gibts Qualle
am Gastmahl des Meeres.
Es gibt genug für alle.
Diese hübschen Blüten in Aspik,
dazu Seetang-Salat und ein Muschelstück,
das ist Gourmetkultur
aus der Natur.

Am Strand von Hiddensee,
sehe ich, was ich sonst nicht seh'.
Die Sonne geht unter in der See.
Jetzt ist sie weg, oh je!
Ob ich sie morgen wiederseh'?

Was ich auf Hiddensee
am meisten seh'?
Wasser, Sand und Gras,
was für ein Spaß!
Ich wundre mich auf Hiddensee,
weil ich kaum noch Möwen seh'.
Was ich dann hör, ist wohl das Wahre.
Sie sind verdrängt vom Kormorane.
Der sitzt jetzt auf der Buhnen-Bohle
und spreizt die Flügel ganz frivole.
Er hat die schwarze Flagge gehisst,
wie ein Piratenschiff, dass auf Beutefang ist.

Der Ringelnatz
der freche Fratz,
der war befreundet mit der Nielsen –
Asta la vista
sie war'n wie Geschwister.
Sie rauchten und sie tranken Wein.
So leicht kann auch das Leben sein.

Ich wandre über Hiddensee
und freu mich, was ich alles seh'.
Stockrosen, Rosenstöcke, Heckenrosen, …
Stören sich nicht am Wellentosen.
Sie duften und leuchten und laden ein,
hier gerne Gast zu sein.
Wäre Goethe hier, er würde schrei'n,
hier bin ich Mensch, hier darf ich's sein.

Die Stubenfliege

Ich sitze gemütlich in einer alten Stube.
Doch dann ärgern mich zwei Stubenfliegen.
Ich versuche sie zu kriegen,
aber es gelingt ihnen immer wieder, wegzufliegen.
Die eine ruht sich gerade am Fenster aus,
da kommt die Stubenspinne raus.
Sie zieht die Fliege in eine dunkle Ecke.
Ich glaube, die Stubenfliege bleibt auf der Strecke.
Wo wohl die andre Stubenfliege blieb?
Ihr war wohl ihr Leben lieb.

Pilgern in Sachsen

Seit ich das erste Mal vom Pilgern gehört habe, bin ich infiziert. Das möchte ich unbedingt mal probieren, denkt es seitdem in mir. Dann kam das Buch von Hape Kerkeling raus, dann der Film und viele, viele Artikel in Zeitungen und Journalen. Bei einer Fastenwoche auf Hiddensee erzählte mir eine Teilnehmerin von großen Wandertouren, was man so braucht und wie das so ist.

Einen Monat später bin ich losgegangen. Ohne eine Ahnung von dem, was mich erwartet. Ohne Ahnung, wie schwer der Rucksack ist, wie die Füße schmerzen werden, wo es langgeht, wo ich schlafen werde …

Hätte ich all das gewusst, wäre ich wahrscheinlich nicht losgegangen. Ein bisschen informiert hatte ich mich im Internet. Und das hat gesagt, ich könnte in Bautzen in einem Geschäft den Pilgerausweis erhalten und dort gleich starten. Also bin ich

Montag früh losgefahren, habe das Geschäft gesucht und die Betreiber. Die waren am Montag aber nicht da. Irgendwann hatte ich aber alles beisammen und lief von nun an den gelben Muschelzeichen auf blauem Grund hinterher. Es war Mai, sehr warm, sehr schön und sehr neu.

Ich hatte mich für den sächsischen Jakobsweg entschieden, das Stück von Bautzen bis Dresden. Da kann man zwischendurch von überall gerettet werden oder selbst einen Zug finden und heimreisen, wenn nötig.

Schon der Start in Bautzen war bezaubernd. Eine wunderschöne Stadt. Mit breitem Grinsen im Gesicht suchte ich das Weite.

Ich wanderte über Berg und Tal.
Manchmal hatte ich die Wahl.
Wohin zeigt das Schild am Pfahl?
Der Rucksack, der wird mir zur Qual.

Auf dem rechten Weg zu bleiben, war gar nicht so einfach und meine Unerfahrenheit spielte wohl auch eine Rolle. Jedenfalls habe ich mich einige Male verlaufen. Am Ende des ersten Tages waren es über 20 Kilometer, auch, weil mir die anvisierte Unterkunft keine Unterkunft gab. Das war ein sehr unangenehmes Gefühl, nicht zu wissen, wo man abends seinen müden Körper betten kann, von waschen und essen ganz abgesehen.

Es half nur weitergehen, zum nächsten Ort. Gegen 17.00 Uhr erreichte ich dort jemanden am Telefon. Die nette Frau meinte, ich könne auch später kommen, man würde auf mich warten. Das war so ein warmes Gefühl, das werde ich nie vergessen.

An diesem ersten Tag habe ich in einer Lehrlingsunterkunft geschlafen. Essen gab es keines mehr und ich wollte nicht noch mal loslaufen. Aber am nächsten Tag ging es schon weiter, mit Frühstück im Bauch, mit Blasenpflastern an den Füßen und guter Laune im Kopf.

Das ersehnte Treffen und der Austausch mit anderen Pilgern blieb mir versagt. Es war der erste Wandermonat nach Corona. Damals hatte ich mir auch keine Notizen gemacht.

In besonderer Erinnerung blieb mir aber das Quartier in einem Museum neben einer Kirche und einem Friedhof. Es war schaurig schön dort. Der Kirchenchor traf sich am Abend im Gemeindehaus, wo meine Dusche und Küche war, zur Gesangsprobe. An diesem Abend verzichtete ich auf die Dusche, denn ich wollte denen den WC-Trakt nicht nassplätschern. Und ich verzichtete auf den nächtlichen Toilettengang über den Hof. Ich durfte nicht „müssen" müssen und mein Körper hielt dicht.

Ja das Pilgern war etwas Besonderes, anders als nur wandern, irgendwie existenzieller. Einmal musste ich eine vielbefahrene Straße entlang, die keinen Rand hatte. Es war lebensgefährlich. An einer Schranke hatte ich die Schnauze voll und hielt ein Auto an und trampte den letzten Kilometer bis zum nächsten Ort.

Kurz vor Dresden verließ ich den Pilgerweg und wollte ins nahe Radeberg. Dort wohnten früher Verwandte von uns, Onkel, Tante, Cousin und Cousinen. Als Kind war ich einmal dort. Ich fragte Google nach dem Weg und sah auch schon die Stadt in der Ferne. Aber Google wollte mich wieder an einer Straße entlangführen. Das wollte ich jedoch nicht und ging nun geradezu in Richtung Stadt. Der Weg war schön und ich kam gut voran. Nur noch kurz über die Straße, dachte ich, bald bin ich da. Aber ein Maschenzaun hielt mich auf. Zaun soweit ich sehen konnte, in die eine und die andere Richtung. Es blieb mir nur, da irgendwie drüberzusteigen. Zurück blieb ein Dreiangel in meiner Lieblingshose. Zähneknirschend musste ich eingestehen, dass Google recht hatte und ich meine Besserwisserei mit Kraft und Textilien bezahlen musste.

Aber ich war inzwischen sehr stolz auf mich. Was ich alles konnte und schaffte. Es war eine schöne Erfahrung und ein Stück Weg zu mir selbst.

Flug nach Zypern

Vor einem Jahr hatte mir Karin, eine Bekannte aus dem Freundeskreis meiner Schwester, die sehr preiswerte Reise vermittelt. Sie selbst fährt das sechste Mal dorthin. Ich vertraue ihrem Insiderwissen und will einfach nur das Mitfahren genießen.

Die Abreise vom Flughafen BER war chaotisch. Drei Stunden vor Abflug stehe ich am Check-In-Schalter, der erst zwei Stunden vorher öffnet. In der riesigen Menschenschlange davor grummelt es. Es geht nur sehr langsam vorwärts.

Karin hat ihren Morgenzug verpasst und kommt auf den letzten Drücker. Sie drängelt sich zu mir durch. Das wird von einer missgünstigen Reisenden an einen jungen Mann vom Flughafenpersonal verpetzt. Da dort aber alle überfordert waren, wurde dem nicht nachgegangen. Endlich am Schalter, erbettelt sich Karin noch einen Fensterplatz, krankheitsbedingt. Diese Frau ist ein Reiseprofi.

Es geht weiter zur Sicherheitskontrolle. Die Abfertigung wird nicht fertig. Als wir durch sind, haben wir den Flug theoretisch schon verpasst. Wir rennen durch die riesigen Hallen des Flughafens, durch zwei Duty-free-Shops und endlose Gänge entlang. Der Flieger wartet noch und wird dann mit anderthalb Stunden Verspätung starten, unfassbar.

Wir suchen unsere Plätze. Karins Fensterplatz ist besetzt. Da sitzt die Petze. Karin bittet höflich und bestimmt um Freigabe ihres Platzes. Die Frau will nicht weichen, Karin weicht nicht von ihrem Recht. Worte hin, Worte her, dann sitzt Karin am Fenster, eingequetscht von der garstigen Frau und deren Freundin. Als Karin den Sachverhalt noch mal klären will, meint diese, mit asozialen Idioten spricht sie nicht. Punkt. Es wird ein eiskalter und einsamer Flug für Karin.

Ich habe auch einen Fensterplatz, den am Notausgang. Man hat dort wohl bewusst sportliche oder wenigsten beweglich aussehende Menschen platziert. Im Notfall müsste ich nämlich die Tür rausheben und rausschmeißen, was mir die türkische Stewardess ausführlich auf Türkisch erklärt. Ich habe nichts verstanden, sehe aber die Bilder an der Tür und besitze eine schnelle Auffassungsgabe. Die Stewardess behält mich immer besonders im Auge. Nichts darf meine Beweglichkeit stören, kleine Kleidung, kein Gepäckstück. Eigentlich hätte ich für diesen Bereitschaftsdienst etwas zum Essen und Trinken verdient, aber nix da. Hungrig und durstig verlasse ich den Flieger mit 200 anderen Reisenden und renne wieder Karin hinterher zum Bus.

Dünnhäutig

Bis Donnerstagmittag dachte ich, ich sei ein gesunder Mensch. Um 11.00 Uhr begab ich mich in die Hände einer asiatischen Masseurin im Hamam des Luxushotels Artemis auf Nord Zypern. Danach war ich mir dessen nicht mehr so sicher.

Ich freue mich jedenfalls auf die Seifenmassage und die anschließende Ölung.

Mit zwei Freundinnen gleichzeitig legen wir uns auf den heißen Stein und werden abgeschrubbt. Nicht mit Seife, wie gedacht, sondern einem trockenen Rubbelstück. Die Asiatin schrubbt mit voller Kraft an mir herum, als will sie mich einen halben Zentimeter dünner feilen. Auch die Innenarme werden brachial bearbeitet. Die zarte Haut schreit vor Schmerz. Ich fühle mich gehäutet und bin sprachlos. Mit fehlen die Worte. Die heiße Spülung danach und das Einhüllen in Seifenschaum gewähren der geschundenen Haut kurz Ruhe. Ich bin jetzt wirklich dünnhäutig. Doch wenn ich glaubte, schlimmer geht nimmer, dann war das ein großer Irrtum. Versteckt unterm

Seifenschaum drücken sich kleine asiatische Finger tief in meine empfindliche Haut. Keine Stelle wird ausgelassen. Auch der vom Frühstück gut gefüllte Magen wird durchgedrückt, umkreist und gepiekst. Dann werden die Haare gewaschen und eine neue Tortur vorbereitet. Wie Schraubzwingen drücken sich zehn Finger mehrfach in meine Kopfhaut. Es tut höllisch weh.

Während meine Freundinnen vor Wonne stöhnen, stöhne ich vor Schmerz. Noch immer fehlen mir die Worte. Und ich kriege Angst. Da alle Meridiane und Akkupunkturpunkte weh tun, muss wohl mein gesamter Körper schwer krank sein, glaube ich jetzt. Bei der anschließenden Ölmassage das gleiche Prozedere, der gleiche Schmerz.

An diesem Tag erhalten viele aus unserer Gruppe diese Massagen und alle sind selig. Bis auf eine weitere empfindsame Person, die es ähnlich erlebte wie ich. Es stellte sich heraus, dass uns die gleiche Masseurin behandelt hatte.

Bei der späteren Überprüfung meines Körpers waren aber keine Folterspuren zu erkennen. Es bleibt die Erkenntnis, ich bin dünnhäutig!

Basenfasten im Allgäu

Ich brauche eine Auszeit und melde mich ganz kurzfristig für diese Reise an. Die Freundinnen Katrin und Karina werden mich mitnehmen. Sonntag früh um 7.00 Uhr soll es losgehen bei Karina in Sielow. Sie spendiert das Auto, Katrin fährt es und ich fülle es hinten aus. So ist der Plan.

Am Samstag erfahre ich, wir nehmen noch eine weitere Dame mit und fahren zu viert. Auf Katrins Bitte hin reduziere ich mein Gepäck auf eine Tasche und einen kleinen Rucksack. Eine Meisterleistung, denn so eine Basenfastenkur im Oktober ist gepäckmäßig eine große Herausforderung. Warme Sachen, Sportzeug, eine Kuscheldecke, Wärmflasche, Badezeug, Handtücher, Wanderschuhe, Wanderstöcke und eine Schüssel in eine Tasche zu kriegen, ist fast unmöglich. Ich verzichte auf die Kuscheldecke und den Bademantel und schaffe das Unmögliche. Die anderen Mitreisenden haben sich nicht ganz an den Sparzwang gehalten. In Sielow ist das Auto jedenfalls schon voll, samt Rücksitz.

Endlich startet Katrin das ihr völlig unbekannte Auto, um nach ein paar Metern wieder zu halten. Karina war in Hundekacke getreten, was erst durch die starke Geruchsbelästigung bemerkt wurde.

Dann endlich weiter nach Branitz, wo wir eine Dagmar abholen sollen. Nur Karina kennt Adresse und Festnetznummer, hat den Zettel aber zu Hause auf dem Küchentisch vergessen. Die Telefonnummer hatte sie aber schon eingespeichert. Es hilft nicht, Dagmar geht nicht ran. Inzwischen hat Karina auch die Adresse vergessen, meint aber, es sei die Parkstraße 24. Wir fahren also nach Branitz und tuckern herum auf der Suche nach der Parkstraße. Dabei kommen wir an der Pücklerstraße vorbei und Karina erinnert sich, die war es! Dagmar meldet sich immer noch nicht. Katrin lenkt den Mercedes in ein enges Wohnkarree, das friedlich im Sonntagsschlaf ruht.

Neben Nr. 24 okkupieren wir einen freien Parkplatz. Keiner erwartet uns und klingeln geht auch nicht, Karina wusste den Nachnamen nicht. Anfang der Woche hatte sie einen Autounfall und infolge dessen eine Gehirnerschütterung davongetragen. Deshalb wird sie von aller Schuld freigesprochen.

Wir sitzen dumm im Auto und fühlen uns hier fremd und hilflos. Wie jetzt weiter?

Dann kommt der erlösende Anruf. Dagmar beschreibt uns nun den Weg zur Pücklerstraße 5.

Sie hatte gegen sieben Uhr ihre Wohnung abreisefertig gemacht, das heißt auch Stecker raus für WLAN und Telefon, der Rat eines energiebewussten Freundes. Dann hat sie gewartet und hochgerechnet, bei drei Frauen hat jede eine viertel Stunde Verspätung und erst um dreiviertel acht angerufen, wo wir denn bleiben.

Ja, dieser Morgen hat viele aus der Sonntagsruhe gebracht. Mein Mann stand schon um halb sieben abfahrbereit in der Küche, um mich rechtzeitig nach Sielow zu bringen. Ich konnte nicht mal meinen Tee austrinken. Karina hatte ihren Sohn aus dem erhofften Sonntags-Ausschlaf geklingelt, um nach dem Zettel mit der Adresse zu suchen. Und dann wurden noch die Therapeuten angerufen, um Dagmar zu finden.

Alles kam, weil alle alles gut gemeint haben.

Dann endlich Start in Richtung Allgäu. Katrin hat das Auto mit einem Engelchen gedopt und fährt uns sicher durch deutsche Lande. Es gibt viel zu plappern bei vier Frauen und viel zu schauen. Der Herbst hat sich voll ins Zeug gelegt und bietet uns die schönsten Farben. Auch der Himmel zeigt alle Facetten von Wolkenformationen und schickt grelle Sonnenstrahlen gegen dunkle Wolken.

Kurz vor dem Ziel geraten wir in einen Stau, weil eine Kuhherde die Ampelkreuzung überquert, Kuh für Kuh, in Reihe und in aller Ruhe. Ob die letzte Kuh die Ampel dann umgestellt hat, wissen wir nicht, aber genau danach bekamen wir grünes Licht zur Weiterfahrt.

Wir bestaunen die liebliche Berglandschaft. Katrin sucht nach Schneekanonen, spricht aber von Schneepistolen. Mit denen werden dann wohl die Urlauber beschossen, die aus der Reihe tanzen.

Ja die beiden Freundinnen haben noch Wortfindungsstörungen oder viel Wortwitz. Als Katrin mein schwarz-weiß kariertes Stirntuch bewundert, fragt Karina ernsthaft, wo es solche Geschirrtücher gibt.

Zwischenstück

Ich bin ein Zwischenstück,
beweglich zwischen Hin und Rück.
Die Verbindung zwischen starren, festen Teilen,
kann mal hier, mal da länger verweilen.
Ich bin verbunden und les' zwischen den Zeilen,
muss mich manchmal beim deeskalieren beeilen.
Ich bin ein Zwischenstück,
gehe einen Schritt vor und zwei zurück.
Ich habe Verständnis für alle und jeden.
Mit mir kann jeder reden.
Steh zwischen dem Guten und dem Bösen,
versuche die Probleme mit Herz und Kopf zu lösen.
Steh zwischen dem Lauten und dem Leisen,
bin ständig in Bewegung und am Reisen.
Ich stehe dazwischen,
zwischen Unglück und Glück,
sitz zwischen den Stühlen,
als Zwischenstück.
Bin der Prügelknabe für den einen oder andern.
Bin müde vom Hin- und Herwandern.
Ich trete jetzt aus den Verbindungen
und bin jetzt allein.
Das wollte ich nie, aber jetzt muss es mal sein.
Ich schaue auf mich und denke zum Glück,
was für passables Menschenstück.

Wandertag

Morgens geht es mir nicht gut. Ich habe „Themen". Und der Hals tut weh, wegen einer Erkältung. Aber die Sonne scheint und ich verordne mir eine Wander-Therapie. Wenn es schon weh tut beim Atmen, dann soll es doch wenigstens beste Bergluft sein. Und Bewegung hilft gegen trübsinnige Gedanken.

Auf gehts in Richtung Imbergbahn, durch Berg und Tal und vorbei an lärmenden Kühen. Dieses ständige Gebimmel muss doch wahnsinnig machen. Wahrscheinlich sind sie deshalb so mager, weil jedes Bücken nach Grashalmen in ihren Ohren dröhnt. Aus der Milch dieser Kühe machen sie dann wohl Handkäs mit Musik, falls sie nicht ganz sauer geworden ist. Meine Gedanken verfallen aufs Reimen.

Eine brave Kuh
macht ab und zu mal muh.
Hängt man ihr eine Glocke an,
verfällt sie in den Rinderwahn.

Ich finde das gar nicht mehr gebirgsromantisch, sondern Tierquälerei. Weiter unterhalb der Gondelstation treffe ich auf andere seltsame Geschöpfe, die Golfer. Männer in engen farbigen Hosen zerren riesige Golftaschen aus großen Autos. Manchmal helfen schicke Frauen mit offenen Schirmmützen dabei. Toll, wenn man ein gemeinsames Hobby hat. Die haben bestimmt auch kein einfaches Leben, denke ich. Warum sollten sie sonst freiwillig kleine Bälle mit kleinen Schlägern wegschießen und dann hinterherlaufen? Na ja, so sind sie wenigstens an der frischen Luft und raus aus den Büros und Arztpraxen. Die meisten Golfer sollen ja Ärzte sein. Sicher, weil sie sich keinen gefährlichen Sport wie Fußball oder Skifahren haben können, wegen der Verletzungsgefahr.

Ich erreiche die Gondelstation. Vormittags ist es noch sehr ruhig dort. Ich habe die kleine rote Gondel für mich allein und ich genieße die Stille darin. Nur ein kleines Summen ist zu hören. Und weil ich nicht dazwischenplappere, bleibt es auch so. Oben angekommen, genieße ich die wunderschöne Aussicht.

Es ist herrliches Wetter, ich habe Zeit und entschließe mich, nach Steibis zurückzulaufen. Inzwischen habe ich meine Gedanken zur Räson gebracht und sie in positive Bahnen gelenkt. Darauf bin ich stolz. Und auf einmal weiß ich wieder, dass ich alles schaffen kann.

Als ich kurz vorm Ziel das Schild passiere, „Grundstück befahren verboten, Betreten auf eigene Gefahr!", wird mir mulmig. Was, wenn der seit Tagen dort in seinem Auto sitzende Wachschützer heute mal Lust hat, ein bisschen gefährlich zu werden? Vielleicht zählt er ab und erschrickt oder kontrolliert despotisch jeden dritten Wanderer? Ich jedenfalls bin nicht interessant für ihn. Er würdigt mich nur eines kurzen Blickes, dann schaut er wieder betriebsam in sein Auto. Keine Ahnung womit er da gerade spielt. Meine Schritte werden fester und schneller. Gleich bin ich zu Hause bei all den lieben Menschen und kriege ein leckeres Fastenessen.

Wechseljahre

Ende vierzig kam ich in die Wechseljahre und da bin ich heute noch. Ich wechsle ständig die Temperatur von heiß auf kalt und normal. Sitze ich im Auto bequem in meinem Sitz, überrollt mich plötzlich eine Hitzewelle. Es ist, als ob dir jemand eine Heizdecke angeschnallt hätte und auf maximal stellt. Oder mit dem heißen Föhn in den Rücken bläst.

Ausziehen geht nicht, nur aushalten. Ich schnelle wie ein Spasti nach vorn und drücke meine Brust aufs Lenkrad.

Am schlimmsten sind die Nächte. Ist eine Stelle im Bett heißgeglüht, dann rutsche ich zehn Zentimeter weiter. Ich brauche inzwischen unser ganzes Bett für mich allein, da hat kein Mann mehr Platz. Morgens wechsle ich müde in den neuen Tag. Nach den Hitzewellenwechseln kommt der Stimmungswechsel und das Wechselbad der Gefühle.

Im Frühjahr wird von Winter- auf Sommerzeit gewechselt und im Herbst wechseln wir zurück von Sommerzeit auf Winterzeit. Überall wird gewechselt. Am schlimmsten sind Politiker, die wechseln sogar ihre Meinung und ihre Qualifizierung. Aus einer smarten Familienministerin wurde zum Beispiel eine straffe Verteidigungsministerin. Im Herbst gibt es verstärkten Wildwechsel. Den Wetterwechsel gibt es jedes Jahr im Wechsel der Jahreszeiten. Früher gab es ja dafür noch Übergangsjacken, aber das Wetter wechselt jetzt so krass, dass man von Jeansjacke auf Winterjacke wechselt. Im Dezember wechseln wir in die Adventszeit und danach in ein neues Jahr.

Auf den Hund gekommen

Das Sprichwort „Auf den Hund gekommen sein“ bedeutet nichts Gutes, man ist ganz unten.

Google sagt, das Sprichwort stamme aus dem südwestdeutschen Raum und der Schweiz. Dort wurde in den Boden der Truhen, die dort anstatt von Schränken genutzt wurden, ein Hund geschnitzt. Und wenn die Truhe leer war, dann war man auf den Hund gekommen. Ja, leer war ich auch, und mittellos, heimatlos, allein, aber frei.

Es ergab sich zufällig, dass Freunde für drei Wochen verreisen mussten und mir anboten, Haus und Hund zu hüten. Das war ein großer Vertrauensvorschuss. Ich hatte ja immer Angst vor Hunden und noch nie einen betreut.

Aber die schwarze sanfte Schäferhündin Luna hat meine Hundeangst therapiert. Mit 62 Jahren habe ich mich erstmals mit einem Hund an der Leine auf Spaziergang begeben und es hat uns beiden großen Spaß gemacht. Luna hat meinen Kommandos gehorcht und gemeinsam haben wir das Dorf und die Umgebung erkundet. Schon nach zwei Tagen kannte ich alle Hunde des Dorfes und alle Laternenpfähle. Ab und zu brach Luna kurz aus, um einer besonders duftenden Sache auf den Grund zu gehen und ich klappte dann ruckartig wie ein Hampelmann den linken Arm und das linke Bein nach oben.

Heute hat sich eine weiße Schneedecke auf das Januargrau gelegt. Meine Hündin Luna schlägt die Dorfrunde ein. Ich war eigentlich auf die Feldrunde aus, aber ich gebe heute mal (wieder) großzügig nach. Nicht ohne ihr zu sagen, dass es morgen nach mir geht. Man möchte sich ja ein bisschen positionieren. Wo kommen wir denn hin, wenn hier jeder macht, was er will. Schnell wird einem nachgesagt, auf den Hund gekommen zu sein.

Luna schnüffelt sich durchs Dorf und markiert fleißig. Ich hoffe, die Dorfkinder von heute wissen, dass man keinen gelben Schnee isst. Aber es sind ja keine Kinder zu sehen. Sie sitzen wohl schon in ihren Zimmern und spielen mit dem Handy oder sie sind noch bei der Spätschicht im Hort.

Vor uns läuft ein Mann mit einer Leine in der Hand, ohne Hund. Ich denke, man ist der arm dran, der hat nicht mal einen Hund, auf den er kommen kann. Vielleicht will er sich einen ausborgen (wie ich) oder ist er gar ein Hundefänger?

Der Mann wendet und kommt uns entgegen. Die Leine entpuppt sich als Leinenbeutel mit langen Henkeln, na ja.

Ich erinnere mich, dass sich früher die braven Mädchen die Babys im Dorf zum Ausfahren ausgeborgt hatten. Ich hatte diese Ambition nicht und habe schon früh in mich reingefragt, ob das ein Mangel bei mir sei, ein unterentwickeltes Bedürfnis, oder verkümmerte zukünftige Mutterinstinkte?

Dann kommen uns doch zwei Kinder mit Mappen auf dem Rücken entgegen. Ich nehme Luna kurz und sie wartet brav. Drüben in dem Haus, wo die beiden hinwollen, kläfft die ganze Zeit ein Hund. Das Mädchen sagt genervt, dass er endlich aufhören soll. Der Junge meint mit Blick zu mir, so einen Hund mit Manieren bräuchten sie auch. Ich bin stolz auf meine Luna und auf meinen Hundeführerfolg. Luna ist auch nie zickig oder beleidigt, wenn ich sie von fremden Grundstücken ziehe, wenn ich bestimme, wo es langgeht. Schon im nächsten Moment ist sie brav an meiner Seite und schaut mich treu an. Warum bin ich nicht schon eher auf den Hund gekommen?

Auf dem Rückweg werden wir wieder stark angebellt. In dem Haus wohnt ein Riesenhund. Er sieht aus wie ein Eisbär. Na gut, eigentlich ist immer nur ein Stück von seinem riesigen Kopf zu sehen, wenn er nach oben springen muss, um über das hohe Tor zu sehen und einen Blick auf Luna zu werfen. Dabei hängen seine Vorderfüße am Körper. Das sieht albern aus.

Bis auf einen lassen Luna alle Hunde des Dorfes kalt. Diesen einen Hund möchte sie angreifen. Er sieht genauso aus wie sie.

Dann sind wir zu Hause, füttern die Vöglein und machen es uns danach vor dem Kamin gemütlich. Luna sitzt brav auf ihrer Decke und beobachtet mich aus ihren dunklen, bernsteinfarbenen Augen. Als ich zu ihr rübergehe, um sie zu streicheln, kippt sie um und streckt alle Viere von sich. Sie hat eben auch ihre besonderen Bedürfnisse nach Streicheleinheiten.

Ja, ich bin auf den Hund gekommen und das ist gut so. Und ich erinnere mich, dass ich doch schon vor vielen Jahren auf Kreta die Begegnung mit einem schwarzen Hund hatte. Aber das ist eine neue Geschichte.

Der schwarze Hund

Ich bin in einer Lebenskrise und mit einer kleinen Gruppe auf Kreta zu einer Yoga-Woche.

Wir wohnen im Landesinnern und machen einen Ausflug an die Küste zu einer einsamen Bucht. Mit unseren Autos fahren wir durch unwegsames Gelände über löchrige Holperpisten. Irgendwann geht es nur noch zu Fuß weiter durch trockene Wildnis.

Und doch gibt es weiter unterhalb des Weges ein einzelnes Haus. Vier Hunde streunen herum, bellen alle Eindringlinge an und laufen lange neben uns her. Nach einiger Zeit ist nur noch ein schwarzer Hund da und er läuft an meiner Seite. Wir beide bilden die Spitze der Truppe. Ich höre die anderen hinter uns reden und erfreue mich an der Schönheit und Einsamkeit. Dann ist es ruhig, ich höre nichts mehr. Wir warten lange, keiner kommt. In der Ferne sehe ich schon die Öffnung zum Meer und ich fühle mich magisch dorthin gezogen. Es gibt ja nur diesen Weg durch die Schlucht zur Bucht. Mit dem Hund an meiner Seite gehe ich weiter. Die anderen werden sicher gleich nachkommen. Sie können ja nur hier lang.

Und dann sehen wir es, das Meer. Nur ein kleiner, von Felsen umrahmter Ausschnitt, wunderschön. Lange stehen wir am Wasser und warten. Niemand kommt. Dann gehen wir zurück, den anderen entgegen. Die Stille ist unheimlich. Ich bekomme Angst, aber der Hund ist ja bei mir. In den Hängen rechts vor uns regt sich etwas. Wilde Bergziegen klettern herum. Plötzlich rennt der Hund los zu den Ziegen. Dann ist er verschwunden und es herrscht gespenstische Ruhe.

Ich rufe verzweifelt „Huuund“, „Huuund“. Niemand kommt, niemand antwortet, nur warme Stille. Nun bin ich ganz allein in einem fremden Land in einer Einöde. Meine Schritte werden schneller.

Die anderen müssen doch da sein. Nach einer gefühlten Ewigkeit höre ich Gemurmel, sehe aber keinen. Und dann tauchen endlich Menschen auf. Sie hatten eine Höhle besichtigt.

Mir fällt ein riesiger Stein vom Herzen. Gemeinsam laufen wir nun noch mal zur Bucht. Und plötzlich ist der schwarze Hund auch wieder da. Er weicht mir nicht von der Seite und macht sich sogar auf meinem kleinen Handtuch breit. Ich lasse ihn gewähren und genieße es, von einem fremden Hund als Freundin ausgesucht worden zu sein. Eigentlich hatte ich ja immer Angst vor Hunden. Aber dieser hier hat diese Angst ignoriert und mich kuriert.

Komparsen

Im Forster Schwimmbad wird ein Film gedreht. Es handelt sich um eine Liebesgeschichte aus dem Jahr 1999. Ich hatte mich als Komparse beworben und wurde für Drehtag 1 ausgewählt.

Als ich ankomme, stelle ich fest, dass sich viele Forster Rentner hier und heute etwas dazuverdienen wollen. Die Alten sind in der Überzahl, ich hatte es anders erwartet. Schwimmbäder sind doch meist mit jungen Leuten gefüllt.

Bis auf einen alten Hippie und eine hektisch zuspätkommende Frau erscheinen mir alle anderen unauffällig, sogar die jungen Leute wirken gediegen.

Wir werden in die Maske geschickt und eingekleidet. Sehr junge, sehr selbstbewusste Frauen machen die knapp 60 Leute kompetent und freundlich zurecht. Die Frau, die mit mir dran ist, ist die Hektische. Ich berate sie ein bisschen bei der Garderobe und sie weicht mir nun nicht mehr von der Seite. Sie heißt Petra und ab jetzt gehen wir zusammen. Zusammen ist man weniger allein. Und dann spricht mich der Hippie an und meint, dass wir uns kennen. Also ich habe ihn noch nie gesehen. Klar, vor zwei Jahren sah er auch ganz anders aus, 10 Kilo schwerer, kurze Haare, dunkelrotes Hemd in der Stoffhose, bürgerlich und langweilig.

Jeder ist froh, nun doch jemanden zu kennen und ab jetzt fühlen wir drei uns als Gruppe und werden als diese auf der Treppe am Sprecherturm drapiert. Hier scheint erbarmungslos die Sonne. Der Hippi hat Gott sei Dank einen Sonnenschirm als Accessoire gewählt. Wir kommen gut ins Plaudern und haben Spaß. Aber die Sonne drückt. Wie kleine Spatzen quetschen wir uns unter den Schirm, den immer einer halten muss. Der Schatten reicht nicht mehr für drei. Der Hippi geht, entgegen der Regieanweisung, mit seinem Schirm ganz nach oben an den Rand, wo es ein bisschen Erde für den Schirmstiel gibt. Dort ist für uns aber kein Platz mehr.

Wir okkupieren einen herrenlosen Schirm am Ende der Treppe und sind jetzt nur noch das Randbild im Strandbild und nicht mehr auf der Bildfläche. Die Filmleute drehen und Petra dreht durch. Sie kann nicht sitzen, nicht stehen, nicht gehen, sich nichts merken. Sie will ins Wasser, darf aber nicht. Andere müssen ins Wasser, sind aber inzwischen schon fast am Erfrieren, bis die Szene endlich im Kasten ist. Ja, Filmarbeit kann auch für Komparsen richtige Arbeit sein.

Die Hitze ist drückend. Wir werden immer mehr zu Arbeitsverweigerern und legen uns einfach auf eine Decke im Schatten. Und wir haben Hunger und Durst. Es ist schon lange Mittagszeit und wir hoffen auf das versprochene Essen. Dann ist der Zwischendreh endlich fertig und die Mittagspause da.

Nach dem Essen geht die Regieassistentin suchenden Blickes an uns vorbei und meint dann, „Kommt mal mit“. Sie schnappt sich noch einen jungen Mann, der gerade da herumsteht und fertig ist die nächste Schauspielgruppe. Aber dann ist seine Sonnenbrille zu auffällig und er ist wieder raus. „Ich brauche noch einen Mann“ ruft die Assistentin in die Menge.

Und dann kommt er: Wolfgang, groß, schnurrbärtig, langarmig und langsam wie ein Faultier.

Unser Auftrag lautet, rausgehen aus der Schwimmhalle und uns dann verabschieden. Wie wir das machen, ist uns überlassen. Sofort übernehme ich die Kontrolle und die Eigenregie, Petra und Wolfgang sind zu langsam. Ich drücke Wolfgang die Tasche von Petra in die Hand und mache aus ihnen ein Ehepaar. Ich bin die autonome Freundin und gehe zuerst raus. Ich bestimme!

Insgesamt zwölfmal gehen wir rein und raus. Wir werden gelobt in allen Tönen. Erst Daumen hoch, dann gut gemacht, dann sehr gut, dann super und sogar perfekt. Beim elften Dreh plötzlich Stimmengewirr, Hektik, Drehstopp. Eine Komparsin fehlt. Petra war durstig, dehydriert und auf der Suche nach Wasser. Als alle auf der Suche nach ihr sind, lässt sie das rettende Wasser stehen und wir können den letzten Dreh abdrehen.

Nach unseren „Hauptrollen“ machen wir nur noch, was wir wollen. Wir gönnen uns gutes Sitzen auf den Stühlen am Imbiss. Hier sind wir eigentlich nicht mehr im Bilde, aber das waren wir jetzt zwölfmal, das muss reichen. Wir palavern und palavern, über das Leben im Besonderen und im Allgemeinen. Eine unauffällige Frau kommt und setzt sich an unseren Tisch auf den dritten Stuhl – ohne Kommentar und Mimik. Alle anderen Tische sind frei. Wir tauschen Blicke. Was stimmt mit der denn nicht? Vielleicht Autistin? Petra geht aufs Klo und ich frage die andere etwas. Sie hatte die Regieanweisung, sich als Farbtupfer dorthin zu setzen. Na klar, Farbtupfer haben keinen Text, aber Mimik wäre schon schön gewesen.

Gegen 19.00 Uhr ist endlich Drehschluss. Wir gehen wieder raus ins reale Leben und spielen dort unsere eigenen Rollen.

Blau

Blau ist das weite Meer
und ruft Fernweh in uns her.
Blau ist der Himmel,
am besten noch mit Möwengewimmel.
Rot und blau, putzt die Sau.
Königsblau ziert eine adelige Frau.
Macht einer blau, bringt er den Krankenschein
und stellt seine Arbeit ein.
Eisblau sind die Eisberge im Norden.
Dort sind sie manchem Schiffe
zum Verhängnis geworden.
Die blaue Stunde ist der Übergang
vom Abendlicht zur Nacht.
So mancher Dichter hat darauf Verse gemacht.
Blaue Blumen sind wunderschön,
wie an Kornblumen, Iris und Veilchen zu sehn.
Blau sind die Jeans aus einer wilden Zeit,
Blau trägt auch der Eisvogel, zur Jagd bereit.
Blau sind die Tauben auf dem Dach,
lärmend gurren sie uns wach.
Blau sind die Fliesen im Badezimmer.
Blau beruhigt und geht immer.

Elterntag

Die Coronazeit ist endlich im Abklingen und ich fahre zu meinen Eltern, um sie zu betreuen, zu versorgen und zu deeskalieren. Bei meinen Eltern ist gereizte Stimmung. Er hat keinen Tee bekommen, grummelt mein Vater. Es geht ihm nicht gut, eine Erkältung scheint im Anmarsch. Schon in der Nacht tigerte er durchs Haus und machte meine Mutter nervös. Gegen fünf Uhr morgens wollte er, dass sie ihm einen Tee kocht. Sie lehnte brüsk ab. Ihr täte auch der Hals weh, schon lange und keiner kocht ihr Tee. Vater tigerte weiter. Als ich da bin, mache ich ihm Tee.

Meine Mutter ist eine treusorgende Ehefrau. Viermal am Tag stellt sie ihm Essen hin. Sie schickt uns ständig einkaufen, damit es dem Mann an nichts mangle. Aber nachts Tee kochen für den Simulanten, das kommt nicht in Frage! Außerdem ist er selbst schuld, weil er den ganzen Tag draußen ist, meint sie. Sie streiten weiter. Mein Vater sagt, er sei krank und wenn der Gast nicht gekommen wäre, welcher ich bin, hätte er immer noch keinen Tee und sein Hals täte so weh.

Im Laufe des Tages entwickelt sich die Erkältung beim Vater. Das nassgeschnaubte Taschentuch wird auf der Küchenheizung getrocknet. Er hat so seine Tricks, sein Leid zu zeigen. Das macht Mutti wütend. Später bittet sie mich doch etwas besorgt, mit dem Vater einen Corona-Test zu machen.

Zwischendurch fahre ich erstmals wieder nach Polen zum Tanken. Dort ist es mir nie ganz geheuer. Man kennt so Geschichten. Kurz vor der Grenze steht ein Schild an der Straße: „Unfallschwerpunkt".

Ich lese „Überfallschwerpunkt". Komisch, aber klar, die Polen sind ja für ihre Tricks bekannt. Als ich meinen Irrtum bemerke, zeitnah natürlich, muss ich schallend lachen.

Auf der Rückfahrt wird im Radio über die Impfpflicht diskutiert. Eine Frau ist dafür und meint, die älteren Menschen haben oft Vorerkrankungen und würden ohne Impfung eher verenden.

Verrückte Zeiten waren das.

Erschöpfung

Wir kommen erschöpft aus dem Winter. Corona hat die Schotten dicht gemacht. Das gesellschaftliche Leben ist zum Erliegen gekommen. Keine großen Feste, keine kleinen Feste, wenig Besuche, bedrohliche Nachrichten. Ende November startet Hans die Geige seine Konzerttour in der Theaternative C und muss sie dort gleichzeitig beenden.

Fast alles ist zu. Nur vermummt darf man noch zu Veranstaltungen. Verstohlen wird die Maske runtergeschoben und am Bier genippt. Das schmeckt so nicht wirklich. Der Winter ist auch nicht mehr, was er mal war. Kein Schnee weit und breit, der seine sanfte weiße Decke auf das graue Einerlei legt. Wir sind erschöpft.

Meine Mutter sitzt in der Küche und friert. Sie schimpft auf die Heizung, schon den ganzen Winter über. Aber sie ist zu geizig, sie voll aufzudrehen. Beim Verlassen der Küche wird sie wieder abgedreht. Und nun steigen auch noch die Heizkosten. Es wird nicht mehr gern gesehen, wenn ich oben übernachte, wegen der teuren Heizkosten. So fahre ich eben hin und her und verbrauche teuren Sprit. Meine Mutter kann kaum noch laufen, aber irgendwie erreicht sie alle Heizkörper des Hauses und dreht sie auf Sternchen. Sie spart und spart und spart. Aber da sie sich ständig im Wortgefecht mit meinem Vater erhitzt, hat sie täglich mehrere Portionen Wärme.

Ende Februar wollen wir nach vorn schauen, auf den nahenden Frühling und das Ende der Coronastrapazen genießen. Doch dann beginnt Russland einen Krieg in der Ukraine. Wir sind erschöpft.

In den Kaufhallen gibt es kein Speiseöl mehr, auch Mehl und Nudeln sind knapp, Sprit wird noch teurer. Ostern naht und es gibt bei uns im Osten keinen Bautzener Senf mehr (im Westen schon, dort kauft den keiner).

Jemand, der überall seinen Senf dazugibt, war früher nicht gern gesehen, heute schon. Wir entwickeln uns zurück in die Mangelwirtschaft der DDR-Zeiten. Was wäre, wenn damals der Senf ausgegangen wäre? Wir hätten wohl nichts mehr zu essen gehabt. Die Nationalgerichte „Bocki mit Senf und Brötchen" oder „Tote Oma" hätte es nicht mehr gegeben.

Am Wochenende soll es bei uns Rouladen geben. Beim Fleischer kann man zu den Rouladen einen Becher vom raren Senf erwerben. Bei meinem Mann bricht die Angst-Gier durch. Um einen zweiten Becher Senf zu ergattern, kauft er in einem zweiten Laden nochmals Rouladenfleisch. Nun liegen siebzehn Rouladen im Schmortopf, ein Becher Senf steht im Schrank.

Als ich kürzlich in der Kaufhalle meine Runden drehte, komme ich auch am Gang vorbei, wo früher der Senf stand. Ein Mitarbeiter ist fleißig am Wareauspacken. Er erklärt gerade einer älteren Dame, dass es die kleinen Becher nicht mehr gebe und von den großen ist das auch der Vorletzte. Sofort schnalle ich, wovon hier die Rede ist, lenke zurück in den Gang und schnappe mir den letzten großen 1-kg-Becher Bautzener Senf. Ich bin stolz und freue mich jetzt schon, Mann und Mutter von meiner Errungenschaft zu berichten. Die Familienversorgung ist jedenfalls für die nächste Zeit gesichert.

Es kommt der Mai und überall wird gefeiert. Nachgefeiert und aktuell gefeiert, wir haben kaum noch Zeit für uns selbst. Mein Mann legt Vorräte an und kauft extra neue Regale. Ein Fach ist voller Senf.

Der Sommer kommt mit großer Trockenheit und Hitze. Jeder ist körperlich erschöpft und tut nur das Nötigste. Der Krieg in der Ukraine läuft auf Hochtouren. Putin soll durch Sanktionen in die Knie gezwungen werden. Wir verweigern sein Gas. Unsere grüne und soziale Regierung schickt Panzer in die Ukraine. Wir sind erschöpft.

Ende August sollen wir das lang ersehnte Enkelkind bekommen. Es wollte wohl nicht auf diese armselige Welt und blieb einfach im Körper der Mutter. Aber der scheinbar sicherste Ort der Welt wurde jetzt auch gefährlich. Die Ärzte holen ein Baby auf die Welt, mit der es allein nicht zurechtkommen würde. Wir sind erschöpft.

Der heiße Sommer geht in einen nassen September über. Plötzlich sind wir mitten im Herbst, ohne Übergang. Der Sprit ist teuer, Strom und Gas auch. In den Medien wird vor einem kalten Winter gewarnt. Die Maskenpflicht schleicht sich wieder ein. Meine Mutter friert schon auf Vorrat. Sie hat Angst.

Wir sind erschöpft.

Letzte Hühnergeschichte

Mein Vater ist alt, geworden, 88 Jahre schon. Seine Kräfte lassen nach. Der Körper versagt einfache Dienste und entwickelt sich zurück. Das macht ihn wütend und hilflos.

Die Hühner sind jetzt ein guter Gefühlsableiter und immer noch seine einzige Aufgabe und Freude. Sie werden betuttelt, beschaut, beschimpft, gescheucht und versorgt.

Der letzte Winter war sehr kalt, zu kalt für den Hahn. Jedenfalls verfärbte sich sein strahlend roter und aufrechter Kamm in einen grau-rosa hängenden. Und eines Tages Anfang März lag er tot im Stall, einfach so. Auch ein Huhn war sterbenskrank, überlebte aber mit weiblicher Willenskraft.

Nichtsdestotrotz wollte mein Vater den Hühnerstaat noch mal neu aufbauen. Die Frau war dagegen, die schwindenden Kräfte des Mannes registrierend.

Aber so ein sturköpfiger Mann macht, was er kann, inklusive stur sein ab und an. Jedenfalls werden zwei neue braune Junghühner und ein neuer Hahn gekauft, um erneutes Mobbing im Hühnerstall auszuschließen. Es gibt nur noch weiße Hähne und einen grauen Hahn. Wir entscheiden uns für den Grauen. Bei genauerer Betrachtung ist er ein schmucker Bursche. Das Grau wirkt edel und wird mit leichter grünroter Flügelfärbung aufgewertet. Er ist noch sehr jung.

Im Hühnerstall will er zeigen, wer hier der Herr im Stall ist und gleich die alte Henne besteigen. Die lässt sich das Gebaren des Greenhorns nicht gefallen und lässt ihn abblitzen. Der eitle und unerfahrene Gockel gibt nicht auf und es entwickelt sich ein echter Hahnenkampf. Junghahn und Althenne belauern sich, springen sich an, drehen sich Kopf an Kopf im Kreis, wie in einer Arena. Das Ganze dauert zehn Minuten, dann gibt der Haremsanwärter für heute auf.

Später haben sich dann die Hierarchien geklärt. Der Hahn wurde Chef und füllte seine Aufgaben ordentlich aus.

Im Mai muss mein Vater wieder ins Krankenhaus. Ihm steht das Wasser sprichwörtlich bis zum Hals. Danach ist er nicht mehr der, der er war. Das Weiterleben fällt ihm schwer und macht ihm auch keinen Spaß mehr. Ab sofort läuft auch er mit Rollator über den Hof. Nun gibt es unterhalb der Treppe einen richtigen Rollator-Parkplatz. Manchmal nimmt er den von seiner Frau, dann gibts Radau.

Und plötzlich hat er kein Interesse mehr an den Hühnern. Er versorgt sie nicht mehr. Dass muss nun wieder die Frau machen. Irgendwann stürzt sie im Hühnerstall. Nun ist Schluss mit lustig.

Ende Juli werden die Hühner abgeschafft. Der Hahn erhält wo anders einen neuen Harem und ist zufrieden. Die Hühnerschar pickt jetzt auf einer großen Wiese in Schlagsdorf nach Futter. Alles scheint in Butter. Aber sie fehlen uns.

Wege übers Land

Im September 2023 breche ich auf zu meiner zweiten Pilgerwanderung. Es soll jetzt der ökumenische Pilgerweg von Görlitz bis Bautzen sein, vielleicht weiter bis Kamenz oder gar Königsbrück.

Diesmal sind die Umstände komplizierter, der Start verzögert sich. Als ich an einem Freitag um 11.15 Uhr in Görlitz ankomme, fühlt sich dann doch alles richtig an. Meine zerbeulte kaputte Reise-Hose ersetze ich im erstbesten Geschäft durch eine neue. Der Verkäufer ist begeistert und ich irgendwie auch. In der knielangen Wanderhose fühle ich mich noch fremd, aber neu und verwegen. Ein paar Meter weiter mache ich schon den nächsten Stopp in der Löffelbar. Interessiert schaue ich mir den Laden und das Angebot an. Es ist noch nicht geöffnet, aber ich bekomme trotzdem eine Hühnersuppe mit Nudeln. Nun bin ich gut gestärkt für das Unternehmen Pilgern. Görlitz ist wunderschön und ruft nach Wiederkehr. Ja, hier komme ich mal wieder her! Da der Start spät war, sollte ich besser hierbleiben und mir heute schon die Stadt anschauen, aber der Weg ruft.

Kurz hinter Görlitz treffe ich an einer Raststelle auf eine Frau, die gerade ihren Rucksack aufschnallt. Sie ist auch Pilgerin. Ab jetzt gehen wir gemeinsam. Wir laufen einsam über Berg und Tal. Weit und breit sind keine anderen Menschen zu sehen. Nun erst kümmern wir uns um die nächste Unterkunft. Es ist sehr weit bis dahin. Gott sei Dank bin ich nicht allein. Sabine ist Raucherin. So haben wir öfter eine Pause. Und wir haben Hunger und Durst. Ich esse ab und zu Äpfel und Birnen, Sabine mag kein Obst. Irgendwann knabbert sie eine Ewigkeit an einem harten Maiskolben. Danach hat sie einen breiten gelben Rand um den Mund und einen Zahn weniger. Gleich der vierte vorn links. Sie hat es nicht einmal bemerkt. Jetzt liegt er ihr schwer im Magen und die Zahnlücke verstümmelt ihr Lächeln.

Das Pilgerbuch verspricht uns eine Gaststätte auf dem Hohenstein. Um halb vier rufe ich an. Gott sei Dank ist sie wirklich geöffnet, schließt aber um sechs. In einer Stunde wollen wir da sein. Dann verlaufen wir uns im Wald. Es wird knapp. Um halb sechs sind wir an der Hohensteinbaude, essen Königsberger Klopse und trinken Radler und einen Bökkelbart, der uns von Einheimischen empfohlen wurde.

Als wir uns Richtung Arnsdorf aufmachen, beginnt es bereits zu dämmern. Wir haben noch eine Stunde Weg durch nicht enden wollenden Wald vor uns. Bloß gut, dass wir zusammen sind. Als wir aus dem Wald treten, ist es halb acht. In der Ferne im Abendlicht ist die Kirche von Arnsdorf zu sehen. Es ist wie nach Hause kommen. Dort werden wir erwartet. Ich hatte angerufen. Die Herberge nennt sich Landkino Arnsdorf und ist ein toller, einladender Ort. Nur der Pfarrer ist nicht so gut drauf, wirkt genervt. Vielleicht, weil am nächsten Tag dort um halb zehn ein großes Frühstück für den Verein der Gehörlosen stattfinden soll. Eingedeckt ist schon alles. Wir haben den ganzen schönen Raum für uns. Der Kühlschrank ist voll, die Getränkebar auch. Er weist uns, immer noch hastig und genervt, in alles ein und meint, wir sollen nur das rausziehen, was wir auch wirklich selbst reingesteckt haben – die Stecker für Wasserkocher und Kaffeemaschine. Am nächsten Morgen stecken wir sie also rein, aber es gibt keinen Strom. Haben wir was falsch gemacht?

Wir warten bis kurz nach neun auf die versprochenen Brötchen. Als wir um viertel zehn aufbrechen, ist noch kein Kaffee gekocht und kein Pfarrer zu sehen. Draußen kommen uns die ersten Gäste entgegen. Eine ältere Dame erzählt uns von dem Fest und lädt uns ein. Sie wird von ihren zwei Begleiterinnen ausgeschimpft, weil das Fest nur für Gehörlose sei. Sie sah das nicht ein und zeternd verschwinden alle drei um die Ecke.

Die über zwanzig Kilometer vom Vortag stecken uns in den Knochen. Ich bin durch eine zwei Zentimeter langen Blase an der Ferse und furchtbarem Muskelkater behindert. Sabine kommt auch nicht gut in Tritt. Wir quälen uns vorwärts. Jeder Schritt fällt schwer und wir haben Hunger und Angst nichts zu finden. Auch in Sachsen haben viele Gastronomen und Läden coronabedingt geschlossen.

Nach neun Kilometern sind wir in Buchholz und geben auf. Wir können nicht mehr. Ich rufe in der hiesigen Herberge an und bitte um Gottes Hilfe. Ein freundlicher Mann namens Hubert lässt uns ein. Welch eine Freude! Es gibt Kaffee und Knäckebrot und Wasser. Hubert checkt uns ab und meint, so kommen wir nicht weiter und bietet uns die Übernachtung an. Anfangs sträuben wir uns noch, mittags schon aufzugeben.

Dann bietet er an, uns am Nachmittag um 15.00 Uhr mit zu einem Hoffest ins Nachbardorf mitzunehmen, mit dem Auto. Dort gibt es Essen und Trinken und wir können übers Weiterwandern entscheiden. Das Hoffest ist gemütlich und wir futtern uns durch die Bioprodukte.

Das war ein echtes Pilgererlebnis. Von Hubert und seiner Frau erfuhren wir echte Hilfe, unkomplizierte Gastfreundschaft und Freundlichkeit. Gott sei Dank!

Am Sonntag geht es weiter Richtung Bautzen. Wir sind ausgeruht und kommen gut voran. Die Sonne scheint vom wolkenlosen Himmel, die Landschaft ist bezaubernd und wir freuen uns des Pilgerlebens. Immer die Essenversorgung im Blick, kehren wir in Weissenberg schon um elf in eine Gaststätte ein. Was man hat, hat man. Es gibt Kaninchenbraten, wie es sich für einen Sonntag gehört.

Unser weiterer Weg führt an einem Fluss entlang durch die Gröbitzer Skala. Wir überqueren eine alte Einbaumbrücke, die einem russischen Märchen entstammen könnte. Hier ist es sehr idyllisch und wirklich märchenhaft schön. Und als wäre es des Märchenhaften nicht genug, gelangen wir zum Schloss Gröbitz. Ich bin von der Magie dieses Ortes sofort angetan.

Während wir uns Kaffee und selbstgebackenen Kuchen schmecken lassen, kommen wir mit den Frauen des Vereins, der das alles gestaltet hat, in ein launiges Gespräch. Gegenüber dem Schloss gibt es eine Pilgerherberge. Ich möchte jetzt gern hierbleiben, meine Begleiterin möchte weiterziehen. Hier trennen sich dann unsere Wege. Am späten Nachmittag kommt noch eine andere Pilgerin an, Sylvia. Während sie sich einrichtet und Sachen wäscht, erkunde ich das Schlossgelände und den Ort. Es ist bezaubernd hier. Abends treffen wir uns mit der Vereinsvorsitzenden, die im Schloss wohnt, zum Essen. Es gibt Nudeln in Salbeibutter. Wir sitzen noch lange zusammen und erzählen unsere Geschichten.

Mit Sylvia breche ich am nächsten Morgen nach Bautzen auf. Eigentlich wollte ich heute allein gehen, aber wir haben uns so viel zu erzählen. Nach fünf Kilometern Tiefenpsychologie sind wir dessen müde und einigen uns aufs Allein-Weiterwandern. Ich sitze noch ein Weilchen unter einem großen Baum und lasse Sylvia ziehen.

Frischen Mutes laufe ich weiter. Heute brennt die Sonne, dann wird es zunehmend schwüler. Dunkle Wolken schieben sich im Westen zusammen. Eigentlich waren sie erst für den nächsten Tag angesagt. Immer öfter brauche ich jetzt eine Pause. Hände und Beine sind geschwollen, mein Wasservorrat geht zur Neige. Und wie ein kleines Kind frage ich immer öfter mein Handy, wie weit es noch bis Bautzen sei. Noch sehr weit, insgesamt fast zwanzig Kilometer, rechne ich jetzt zusammen. Das hatte ich gestern in meiner Euphorie nicht so sehr beachtet.

Die Schwüle nimmt zu, die Wolken kommen näher und jeder Schritt fällt mir schwer. Mir ist zum Heulen und ich will nur noch nach Hause. Wie hatte ich mich auf den Einzug in die schöne Stadt Bautzen gefreut. Als ich sie schließlich erreiche, ist sie nicht schön. Es beginnt zu regnen. Mit letzter Kraft erreiche ich den Bahnhof und setze mich in den Zug. Die zwanzig Minuten bis zur Jugendherberge kann und will ich nicht mehr gehen. Aus die Maus, Ende Gelände.

Berlin, Berlin

Die Streikwellen sind beendet und ich fahre mit dem Zug nach Berlin. Ich freue mich auf das Reiseerlebnis und die Kinder. Schon nach zehn Minuten wird diese Freude getrübt. Ein Jugendlicher mit hochsonorer Stimme erzählt seinem Bekannten laut und endlos Alltagskram. Diese Stimme gehört in ein Fußballstadion. Als Stadionsprecher wäre er gut geeignet. Auch vom Selbstwert her. Als ihn dann noch seine Firma anruft, wabern massenweise Firmeninterna durchs Abteil. Er lässt sich Zeit. Keine Anzeichen, das Gespräch zu beschleunigen oder abzubrechen. Und auch die üblichen Zuggeräusche überdecken nicht das Gerede. Wir hören alle zu.

Endlich hält der Zug in Berlin-Alexanderplatz. Von dem vielen Gerede habe ich Hunger bekommen. Gleich auf dem Bahnhof probiere ich Currywurst mit Brötchen. Das Brötchen hat geschmeckt. Frisch gestärkt laufe ich in Richtung Prenzlauer Berg. Berlin ist laut, schrill, bunt und auch besonders. Manche Menschen wirken auf mich, als kämen sie direkt von der Theaterbühne, noch geschminkt und noch verkleidet.

In einem teuer aussehenden Friseurgeschäft lassen sich junge Männer schicke Kurzhaarfrisuren schneiden von Figaros, die in ihren legeren Klamotten mit ihrem langen Zottelhaar auch dringend einen Friseur bräuchten.

Die von mir oft besuchte Suppenbar ist jetzt in türkischer Hand. Eigentlich sieht es drin aus wie in einem orientalischen Lampenladen. Mit Wissen und Fantasie erkenne ich noch die alte Suppenbar. Sie gehörte zu einen der ersten in Berlin. Nun haben sie hier also auch aufgegeben.

Ein paar Straßen weiter ist der Kindergarten meiner Enkeltochter. Direkt nebenan wohnt Harry, ein echtes Berliner Original mit Vokuhila-Frisur aus DDR-Zeiten. Er lebt die meiste Zeit des Tages rauchend auf seinem Balkon, der mit ausgestopften Vögeln, geheimnisvollen Skulpturen sowie einigen eingestaubten Kunstblumen ausgestattet ist.

Mit rauer Trinkerstimme hält er Smalltalk mit den Vorbeigehenden. Harry grüßt, sie grüßen zurück und manche bleiben unten stehen. Er scheint hier alle zu kennen. Wenn Harry raucht, werden die Fenster im Kindergarten nebenan geschlossen. Also sind sie fast nie auf.

Die schicken Geschäfte rund um den Kollwitzplatz sind leer, nur die Kaffees sind voll. Und Berlin ist gefährlich. Besonders an den Straßen muss man hochkonzentriert sein. Während man hilflos versucht, sich zu orientieren, um die Straße zu überqueren, wird man nicht von Autos, sondern zuerst von rasenden Fahrrädern überfahren, weil man ja auf dem Radweg steht.

Unterhalb des Kollwitzplatzes besuche ich noch eine dunkle Kiezkneipe. Man riecht noch den kalten Rauch aus wilden Zeiten. Der junge Mann am Nachbartisch rülpst laut. Er nuschelt eine Entschuldigung in den Raum, aber ich habe das Gefühl, die ist für mich. Der dicke Mann neben mir stochert still mit einer Gabel senkrecht von oben in seinen Salat rein. Plötzlich erzählt auch er in den Raum rein, dass ihn die heutige Zeugnisausgabe viel Geld gekostet hat. Dies galt dann wohl besonders der Kellnerin, die mit dunkler Stimme aus einer dunklen Ecke meint, bei ihr als Alleinerziehende sei da nichts zu holen. Ich fühlte mich wie in einem Theaterstück.

Abends gegen halb neun schließe ich mich Sohn und Enkeltochter an. Er geht im Bioladen einkaufen, während ich den

Kinderwagen durch das dunkle Berlin spazieren schiebe. Ich bestaune diese verrückte Welt und atme viel Berliner Luft.

Ausgebucht

Ich will mich mit einer Bekannten treffen.

„Tut mir leid, ich bin voll ausgebucht“, sagt sie.

Ich stutze. Ist sie ein Hotel, ein Dienstleister oder Arzt? Wir haben keine Termine mehr, alles ausgebucht. Na klar, wenn die Kinder kommen, ist Hotel Mama voll ausgebucht, mit Unterbringung, Versorgung, Unterhaltung. Und klar, Kinder und Enkelkinder, also Familie, stehen an erster Stelle. Gerade unsere Jahrgänge sind jetzt viel beschäftigt mit der Enkelkinderbetreuung. Gleichzeitig müssen wir uns aber auch oft noch zusätzlich um die Altersbetreuung der Eltern kümmern und um unser eigenes Leben auch noch.

Wir haben hier nicht mehr nur die dreifach-Belastung aus DDR-Zeiten, mit Kindern, Arbeit, Haushalt, sondern eine Mehrfachbelastung aus Kindern, Arbeit, Haushalt, Enkeln, Eltern, Freunden, Sportclub, Hobby, eigener Gesundheit plus Freizeitangebote nutzen. Wer die Wahl hat, hat die Qual.

Schnell ist man da mal ausgebucht.

Aber wer das alles nicht hat, ist noch schlechter dran. Der ist durchs soziale Netz gefallen und leidet an Einsamkeit und Langeweile. Wohl dem, der die Balance in allem gefunden hat. Der ist, auf Deutsch gesagt, im Gleichgewicht – mal ausgebucht und manchmal nicht.

Universum

Ich bin eine Ungläubige. Deshalb hilft mir im Notfall auch kein Gott, kein Buddha, kein Engel. Und der Glaube an mich selbst war leider auch sehr unterentwickelt. Daher wurde ich ein vielseitiger Mensch.

Nicht so von den Talenten und Fähigkeiten her, sondern ich habe viele Seiten an mir. Ich kann mitfühlend und hilfsbereit sein, fröhlich und traurig sein, ich bin gesellig und schüchtern, verständnisvoll und eigensinnig, selbstbewusst und unsicher, euphorisch und antriebslos, klug und unklug, charmant und undiplomatisch, ehrlich und höflich, kreativ und ungeschickt, gehe auf Menschen zu und halte mich von ihnen fern …

So vielseitig zu sein, ist sehr anstrengend. Ständig muss man die passende Seite aufrufen, alles ist ständig in Bereitschaft. Der Geist kommt selten zur Ruhe.

Dann hörte ich das mit dem Universum und daran kann ich inzwischen glauben. In letzter Zeit fühlte ich mich oft irgendwie ferngesteuert. Ich tat, sagte und erreichte das Gegenteil von dem, was ich wollte.

Und nun kommt immer öfter das Universum ins Spiel, als Spielführer und auch als Spielverderber. Die oberste Regel im Spiel des Lebens ist mitspielen. Bis jetzt dachte ich, so gut wie möglich spielen. Erst jetzt verstehe ich, warum ich in letzter Zeit so oft auf der Reservebank zuschauen musste, mit dem Schiedsrichter und den Mitspielern haderte und mir die Spielfreude abhandengekommen war.

Und erst jetzt habe ich verstanden, welch Spiel das Universum treibt. Sende ich aus Versehen oder unterbewusst negative Gedankenwellen ab, werden die von oben einfach an die entsprechenden Personen weitergeleitet und ich wundere mich, warum da plötzlich was komisch ist zwischen uns.

Ich fühle mich vom Universum verpetzt. Es hat ein Weilchen gedauert, bis ich das alles einigermaßen verstanden habe. Inzwischen ist jedoch das Universum vom Verdacht der Petzerei freigesprochen. Es macht ja nur seine Arbeit. Und ich weiß nun, dass ich nicht ohnmächtig ein Spielball des Lebens bin, sondern immer der Spieler.

Und bei aller Vielseitigkeit habe ich auch eine besondere Fähigkeit. Ich kann diesen ganzen Wirrwarr in Worte fassen, ich kann schreiben und dadurch fröhlich bleiben.

Altwerden ist nicht für Kranke

Schon lange denke ich über das Altwerden nach. Und wenn ich es nicht selbst denke, sagt mir meine Mutter jeden Tag, wie scheiße das ist.

Meine Eltern waren sehr tüchtige Leute. Alles schafften sie allein, mit ihrer Hände Arbeit, versorgten ihre große Familie und teilweise noch die Verwandtschaft. Nun, mit ü80, geht es rückwärts, sie sind alt, krank und abhängig von anderen.

Ohne Kinder und Enkel geht hier gar nichts. Wir telefonieren uns durch den Dschungel der deutschen Bürokratie, schicken Schreiben hin und her und koordinieren Pflegekasse, Pflegedienst, Reinigungsfirma und Arzttermine und versuchen alle Hilfsangebote auszuschöpfen. Trotzdem sind alle erschöpft. Fremde Leute kommen die Eltern begutachten. Diese schämen sich und fühlen sich von all den Hilfsangeboten überfordert.

Im September steht meinem Vater das Wasser sozusagen bis zum Hals. Er muss ins Krankenhaus. Nach sieben Wochen wird er als Pflegefall entlassen. Ein Pflegebett wird in das Zimmer der Ehefrau gestellt und zweimal täglich kommt ein Pflegedienst und kümmert sich um den Vater.

Den Hauptteil der Pflege trägt aber seine 85jährige Frau. Wie ein Arbeitnehmer wird sie nun jeden Morgen vom Wecker aus ihrem unruhigen Schlaf gerissen. Sie wartet auf den Pflegedienst, der ab sieben Uhr kommt. Auch wenn ich da bin, meint sie, muss sie sich darum kümmern. Dann deckt sie den Tisch und wartet weiter. Bis mittags sitzt sie in der Küche und wartet auf den Lieferdienst für das Mittagessen, abends wartet sie wieder, um den Pflegedienst erneut rein- und wieder rauszulassen. Es ist ihr gruselig, das Haus abends noch länger offen zu halten in der dunklen Jahreszeit.

In ihrem Fernsehzimmer steht also das Pflegebett, in dem ihr Mann schon ab halb acht schlafbereit liegt, weil ja der Pflegedienst immer schon gegen 19.00 Uhr kommt. Um halb neun geht sie erschöpft zu Bett. Nachts überwacht sie den unruhigen Schlaf ihres Mannes, der Tag und Nacht unwirsch seine Befindlichkeiten und Bedürfnisse kundtut.

Letztens klingelt es um 21.00 Uhr. Sie ist verwirrt und hat Angst, verzichtet aber darauf, mich zu rufen. In ihrer Not wirft sie sich meine blau-weiße Wetterjacke, die als einzige an der aufgeräumten Garderobe hing, über ihr Nachthemd und fragt zahnlos in die Nacht, wer da sei.

Es ist der Apothekenlieferdienst. Wer sich hier wohl mehr erschrocken hat, weiß ich nicht. Jedenfalls muss der Mann noch ins Haus gelassen werden, weil die banale Lieferung auch noch bar bezahlt werden soll.

Tag und Nacht kommt meine Mutter nicht mehr zur Ruhe. Alle zwei Wochen hetzt eine Reinigungskraft vom Entlastungsdienst eine dreiviertel Stunde durch die Räume und wirbelt eigentlich nur Staub auf. Mehr Kapazitäten hat die Firma nicht. Meine Mutter sieht nicht mehr durch und fühlt sich auch nicht entlastet.

Der Mann ist dank der Pflege inzwischen wieder mobil, aber durch fortschreitende Demenz auch grummelig, hilfsbedürftig und anstrengend. Da er sich dessen aber nicht bewusst ist, streitet er wie ein kleines Kind täglich mit der Frau und die streitet zurück. Ich sitze dazwischen, versuche zu deeskalieren und zu helfen.

Neulich kam ein Brief vom Krankenhaus mit zwei CD drin, ohne Anschreiben. Meine Mutter war wieder in heller Aufregung. Was sollte das bedeuten, was sollte sie tun? Ohne Handy, Computer und andere Technik sind sie von den Anforderungen des modernen Kranken-Alltags abgeschnitten. Ohne Kinder und Enkelkinder geht hier gar nichts.

Ich stelle fest, ich will nicht nur, ich muss mich mit Sohn und Schwiegertochter für immer gut stellen, damit sie mich beim Altwerden unterstützen und mir durch den modernen Mediendschungel helfen. Ja, Altwerden ist nichts für Kranke und Dumme (Neue-Medien-Unkundige).

Unterbewusstsein

Unterbewusstsein ist ja so was, was im Verborgenen agiert und uns von dort mehr oder weniger beeinflusst. Mich in letzter Zeit mehr. Besonders nachts hat es mich voll im Griff. Nachdem ich vom Tagwerk mit Denken und Tun völlig erschöpft einschlafe, bin ich nach vier Stunden wieder wach.

Scheinbar füllt etwas versehentlich geschlucktes Zahnputzwasser die Blase, dass sie nervt. Nun erst mal wach, schickt das Unterbewusstsein eine ganze Armada störender Gedanken, die ich nicht brauche und nicht will.

Irgendwann schlafe ich wieder ein und träume wild. Zwischen vier und fünf Uhr morgens wache ich wieder auf. Da die Blase wieder gefüllt ist, ohne Flüssigkeitsnachschub, haben wohl alle Zellen auf Befehl von oben ihr Wasser abgegeben. Ich bin ausgetrocknet wie eine Mumie. Allerdings habe ich jetzt hier das Unterbewusstsein im Verdacht … Es langweilt sich wohl nachts und will mit mir kommunizieren. Da es nun noch nicht Zeit zum Aufstehen ist, bleibe ich liegen und träume weiter.

Ein Wecker, die innere Uhr oder die Tageshelligkeit wecken mich mitten im Traum. So bin ich morgens oft noch todmüde und benommen.

Eigentlich hat mich mein Unterbewusstsein schon immer blockiert. Nix mit autogenem Training, Yoga oder Meditieren, das Unterbewusstsein sabotiert. Es will mich so haben, wie ich schon immer war, unruhig und zweifelnd und suchend. Es braucht mich auch.

Kürzlich habe ich ein Ratgeberbuch erworben, welches alle anderen Ratgeberbücher in Frage stellt. Auch mal interessant. Passt mir ganz gut in den Kram, ich kann eigentlich bleiben wie ich bin. Am besten helfen wahrscheinlich sowieso Drogen. Vor denen habe ich aber Angst. Bei mir hilft Restalkohol nach einer schönen Feier. Ich bin dann nicht mehr ängstlich, diplomatisch und rücksichtsvoll, weil ich das dann gar nicht mehr kann, sondern wunderbar leer, schlapp und direkt, also entspannt.

Der verletzte Mensch

Der verletzte Mensch, der ist gefährlich
wie ein verwundetes Tier.
Er sieht nur sich und glaubt ganz ehrlich,
nur er ist das Opfer hier,
alle wollen ihm was tun,
alle sind sie gegen ihn.
Er merkt das nicht mehr,
auch er verletzt sich selbst und andre ebenso sehr.
Er sieht nicht klar,
was ist noch wahr,
sieht überall Gefahr.
Tag und Nacht wälzt er Gedanken,
kann keine Ruhe mehr tanken.
Alles wird schlimmer.
Um ihn wird es stiller.
Die Mitmenschen gehen auf Abstand. Er fühlt sich sehr allein.
So sollte es doch bitte nicht sein!
Er sagt Worte, die er nicht wirklich will,
tut dumme Dinge, das Leben steht still.
Er schreit nach Hilfe, doch er nimmt sie nicht an,
sucht nach der Wahrheit im dunkelsten Schlamm.
Er wird wütend und ungerecht
und sieht nicht, auch dem anderen gehts schlecht.
Er stößt die weg, die er doch mag.
Im Kopf ist dunkle Nacht. Aber es kommt der Tag,
da sieht er wieder klar
und auch, wie der andere wirklich war:
einfach nur ein Mensch mit Kanten und Ecken,
hinter denen wir unsere Fehler verstecken.
Nehmen wir uns so an, wie wir sind,
erwachsener Mensch mit dem inneren Kind.

Neujahr

Heute beginnt das neue Jahr,
das wird mir jetzt erst richtig klar.
Ich bin noch müde vom alten,
und weiß nicht recht,
was soll ich vom neuen halten.

Ein leeres weißes Blatt Papier,
das ist mein neues Jahr
heute und hier.
Ich brauche keinen Plan,
das sagt es mir,
das leere weiße Blatt Papier.

Ich kann es selbst gestalten,
neues drauf schreiben,
oder altes verwalten.
Es ist eine Chance,
das spüre ich klar,
dieses leere neue Jahr.

Anekdoten

Besenflug

Wir sind tüchtig bei der Haus- und Gartenarbeit. Nur noch aufräumen, dann ist für heute Feierabend.

Mein Mann sieht zufrieden aus. Ruhig fragt er, den Reisigbesen in der Hand: "Kann ich den wegräumen, oder musst du noch mal weg?"

Mit dem Kopf durch die Wand

Sommerurlaub in der Toskana. Wir planschen mit den Kindern im Pool. Den beiden Jungs ist schon wieder langweilig, also wird ein Wetttauchen veranstaltet.

Von wildem Ehrgeiz getrieben, will der Vater seine Zeit noch einmal verbessern.

Völlig erstaunt müssen wir drei mit ansehen, wie er dreißig Zentimeter vor dem Beckenrand noch einmal einen kräftigen Schwimmzug macht und mit voller Wucht den Kopf an die Wand rammt. Der Rückstoß war gigantisch.

Äußerlich hatte ist kein Schaden entstanden, beim Becken nicht und beim Mann auch nicht. Über Spätfolgen lässt sich nur spekulieren.

Ja so ist Lutz, will immer mit dem Kopf durch die Wand!

Silvesterfeier

Auf die Frage, wie Andreas Silvester verbracht hat, antwortet er: „Wir haben im engsten Familienkreis gefeiert, ich oben in meinem Zimmer vor dem Fernseher, Mutter unten vor dem Fernseher und Vater mit Hund im Jagdzimmer vor dem Fernseher.

Es war ein schönes Fest und alle waren zufrieden, denn sie hatten, was ihnen am liebsten ist: ihre Ruhe.

Einzelstück

Andreas hat einen doppelten Leistenbruch und soll erstmals im Leben planmäßig operiert werden. Dazu wird er durchgecheckt. Der Arzt stellt fest, Andreas hat nur eine Niere, schon immer!

Autonarr Andreas stellt fest, er läuft schon 51 Jahre nur auf einem Zylinder.

Grenzgänger

Bruder Andreas wurde mit achtzehn schon zur Armee eingezogen und dann regelmäßig alle zwei Jahre als Reservist an die Grenze gestellt. Die vierte Einzugsaufforderung hatte er schon erhalten, da kam die Wende dazwischen und es gab keine Grenze mehr zu bewachen. Aber er hat natürlich viel erlebt, wie diese kleine Geschichte:

Andreas war an der Berliner Grenze stationiert. Es regnet in Strömen. Andreas und sein Postenführer drücken sich auf ihrem Wachrundgang an die Mauer und halten eine Plane über ihre Köpfe. Der Regen hört und hört nicht auf. Irgendwann hören sie Gelächter von der anderen Grenzseite. Die Leute im gegenüberliegenden Fabrikgebäude auf westlicher Seite lachen laut und zeigen mit Fingern auf die Grenzer. Drüben im Westen scheint es nicht mehr zu regnen. Etwas irritiert schauen sie unter ihrer Plane vor. Sie stehen unter einem kaputten Fallrohr.

Haarausfall

Meist bin ich im Bad ohne meine Brille, weil die beim Gesichtwaschen, Schminken und Duschen ja stört. Aber wehe, ich habe sie auf!

Auf den Fliesen wimmelt es von Haaren. Wir wohnen hier nur noch zu zweit, mein Mann hat kaum noch welche, also müssen es meine sein! So viele?! Ängstlich schaue ich in den Spiegel. Habe ich schon kahle Stellen? Und was ist da in meinem Gesicht los? Da wachsen neue Haare. Was soll ich tun?

Einfach die Brille wieder absetzen. So funktioniert das Prinzip rosarote Brille. Man sieht all das Ungemach nicht, die Welt scheint heil und schön. Nur wenn man sie absetzt, sieht man die knallharte Realität. Bei meiner Brille ist das genau umgekehrt.

Und das Leben ist doch gerecht eingerichtet. Mit dem Alter lässt die Schönheit nach, aber man sieht das nicht mehr. Und auch die Augen des Partners werden schlechter. So ist wieder Harmonie hergestellt.

Unser Jagdhund

Wir haben einen gut ausgebildeten Jagdhund. Auch als Hofhund schüchtert er ungebetene Gäste ein. Auf-Jagd-rennen und Fressen sind seine Hobbys.

Am Sonntag soll es bei uns Frikassee geben. Das ist zwar sehr viel Arbeit, aber ein Festessen. Samstag wurde schon alles vorbereitet, zwei Hühner gekocht und abgepuhlt, zwei Kilogramm Hackfleisch zu Klößchen gedreht und gekocht, Spargel geschält und gekocht sowie Blumenkohl und Pilze vorbereitet.

Abends war noch Besuch da und der hatte die Tür von der Sommerküche nicht richtig abgeschlossen. Nachts verschaffte sich der Hund irgendwie Zugang und schlang alles, was auf dem Tisch stand, in sich rein. Nur das Gemüse schaffte er nicht ganz aufzufressen.

Am nächsten Tag hängt sein Bauch immer noch durch, als hätte er Wackersteine gefressen. Und bei uns gibt es nur Suppe mit Eierflocken.

Die Schönste

Mein Mann macht mit mir und meinen jüngeren Schwestern Kerstin und Angela einen Pfingstausflug. Wir machen Rast in einem Gasthaus in Bohrau, sind die ersten und einzigen Gäste.

Die junge leutselige Kellnerin freut sich und plappert drauf los. „Oh, ein Mann alleine mit drei schönen Frauen!“

„Jaaaa, und die schönste ist meine Frau!", sagt mein Mann.
Als wir zahlen und gehen wollen, fragt die Kellnerin, „Welche ist denn nun ihre Frau?"

Mein Mann zeigt stolz auf mich.

„DIE???" entfährt es der Kellnerin. Enttäuscht und verlegen schaut sie von Angela zu Kerstin und stammelt was von: "Na ja, Locken machen eben was her."

Tage später bin ich mit Schwester Kerstin bei unseren Eltern zum Kaffee. Ich schildere das Erlebte. Mutti setzt in schallendes schadenfrohes Lachen ein und auch unserem Vater entfährt ein seltenes „Hohoho".

Ich sage dann noch „Lutz hats ja gut gemeint, aber war doch klar, dass Angela die Schönste von uns ist."

Darauf Kerstin empört: „Wieso Angela?"

Jetzt geht es mir wie der Kellnerin, ich stammle eine kleine hilflose Rechtfertigung.

Entenjagd

Mein Vater geht mit dem Hund an der Neiße auf Entenjagd.

Drei Enten schießt er vom Himmel. Der Hund ist im Jagdfieber und fischt zwei Enten aus dem Schilf. Die dritte ist einfach nicht zu finden. Vater und Hund tapsen durch das Neißeufer. Auf einer großen Graskaupe rutscht mein Vater aus und fällt samt Flinte ins Wasser. Über ihnen fliegt ein Schwarm Enten. Der Hund will weiterjagen und sieht sein Herrchen herausfordernd an.

Triefend nass sagt mein Vater zum Hund: „Ja, im Film hätte der Jäger jetzt weiter geschossen, aber die Flinte ist voll Wasser gelaufen und Schießen geht nicht mehr."

Diese Aussage akzeptiert der Hund nicht und ist beleidigt.

Am nächsten Tag gehen sie noch mal an den gleichen Ort und finden auch die dritte Ente. Sie lag hinter der Graskaupe, auf der mein Vater ausgerutscht war. Dabei hatte er sie in den Morast getreten.

Der Hund ist immer noch beleidigt und apportiert die Ente nicht, wie gelernt und vorgeschrieben, vor die Füße seines Herrchens, sondern an die Sitzstelle des Abschusses.

Er ist ein sehr guter Jagdhund und hat viel von meinem Vater gelernt, sogar das Beleidigtsein.

Sahara

Wir machen Familienurlaub in Tunesien und buchen eine Wüstensafari. Auf den Kamelritt in die Wüste müssen wir leider verzichten, weil ein starker Sandsturm zu tobten beginnt. Man sieht und hört nichts mehr.

Mein Mann sucht Schutz hinter einem Jeep, holt das Handy raus und ruft seinen Kumpel in Cottbus an, und fragt wie Energie gespielt hat.

Der Pullover

Mein Vater ist im Krankenhaus und Mutti besucht ihn. Als sie das Zimmer betritt erschrickt sie. Ihr Mann hat einen völlig verdreckten Pullover an, der ihm aber nicht gehört. Er weiß nicht warum und woher er ihn hat und auch der Mitpatient kennt den Pullover nicht.

Es ist jedenfalls ein furchtbarer Anblick für meine Mutter. Was sollten denn die Leute denken? Die Antwort findet sie im Schrank ihres Mannes. Dort liegt ein Zettel des Personals mit der Bitte, mehr auf Sauberkeit zu achten. Und DAS meiner Mutter! Sie ist Ordnung und Sauberkeit in Persona. Bei ihr ist immer alles picobello.

Das lässt sie nicht auf sich sitzen und nimmt das dreckige Stück mit nach Hause zum Waschen. Inzwischen wird von den Angehörigen des Mitpatienten der fehlende Pullover bemerkt und seine Herausgabe gefordert. Nun muss sie sich dort auch noch mal rechtfertigen und übergibt den gewaschenen Pullover mit einem langen Erklärungsbrief

Elstertier

Ich sitze auf dem Balkon und fühle mich schwach und klein.
All die Ideen und Chancen ließ ich sein.
Es war nicht meine Schuld allein,
trotzdem sollte es doch anders sein.
Dann sehe ich eine Elster
durch unseren Garten spazieren.
Im kurzen Kniehebe-Tippelschritt
wiegt wichtigtuend ihr Köpfchen mit.
Die Brust ist weit nach vorn gewölbt.
Hier kommt jemand, der in großer Selbstliebe schwelgt.
Interessant, denke ich, die meine war gerade verwelkt.
Ich muss jetzt schmunzeln,
schon verschwinden die Grübel-Runzeln.
Ich bin wieder wach
und lach.
Ich danke dir,
du Elstertier.

Über die Autorin

Marion Suckow wurde 1960 in Guben geboren und ist im Dorf Horno, an der Grenze zu Polen, aufgewachsen. Sie liebte ihr Dorf, die Natur drum herum und ihre Familie.

2001 hatte sie sich mit einer der ersten Suppenbars im Osten Deutschlands selbstständig gemacht. Im Jahr 2020 gab sie Corona-bedingt ihre Suppenbar auf und stellte ihr Leben auf den Kopf.

Nach über 25 Jahren Kampf gegen die Kohlelobby um den Erhalt ihres Heimatdorfes Horno wurde es dennoch im Jahr 2003 abgebaggert. Marion Suckow hat 2011 über dieses Dorf, über ihre Familie und über Suppen ein Büchlein geschrieben.

Seither flossen immer mehr Geschichten aus ihr heraus. Ein Teil davon ist in diesem Buch festgehalten.

Von derselben Autorin geschrieben:

Ein sehr persönliches Büchlein über die Suppen der Kindheit, in kleinen Geschichten verpackt und fröhlich ausgeplaudert, wieder aufgewärmt und neu serviert …

Ebenfalls im Haileiht-Verlag erschienen:

Die Uuups!-Buch-Serie:

Sie haben Spaß daran, mitzuerleben, wenn andere Leute mal im Leben so richtig „danebengreifen?“ In diesen vier Büchern passieren merkwürdige Dinge, gibt es immer wieder einen ungeahnten Schluss oder bei einer tragischen Episode geht die Sache doch noch lustig aus. Eines haben die Geschichten in diesen Büchern alle gemeinsam: Sie könnten in Ihrer unmittelbaren Nähe, Ihrem Ort, Ihrer Straße oder sogar in Ihrer Nachbarschaft passiert sein.

Nehmen Sie teil am Schicksal anderer Menschen, die an ihren kleinen Missgeschicken verzweifeln oder deren Pech sich ganz unverhofft in Glück verwandelt.

Geschrieben von Bernd Beyer, der von der Presse und seinen Fans als der „deutsche Roald Dahl“ bezeichnet wird, bieten diese Geschichten garantierten Lesespaß!

Mehr Infos: ***https://haileiht-verlag.de***

Ebenfalls im Haileiht-Verlag erschienen:

Tante Hildchen gilt als immer hilfsbereit und ist daher sehr beliebt. Aufopferungsvoll pflegt sie die Kranken im Dorf, oft bis zu deren Tod. Als sie noch einmal heiratet, stellt der frischgebackene Ehemann fest, dass in Garten und Gewächshaus fast nur Giftpflanzen wachsen. Muss auch er dran glauben?

Archie ist Casanova aus Prinzip. Doch seine aktuelle Haupt-Geliebte sinnt auf Rache. Sie zwingt ihn, nachts auf dem Friedhof sein eigenes Grab zu schaufeln. Kann er sich noch retten oder hat er verspielt?

Die alte Frau Seelig muss nach dem Tod ihres fast vergessenen Bruders ins Notariat. Doch hat der Taugenichts ihr wirklich etwas Wertvolles hinterlassen?

Haarsträubende, rätselhafte und makabre Geschichten aus dem Gestern und Heute.